図解 すぐに使える
聞き方・話し方のツボ

クレーム対応術

How to handle complaints from customers

監修：中村友妃子

日本文芸社

はじめに

クレーム対応に必要なものは何だと思いますか？　お客さまへの誠意・熱意・感謝の気持ち・思いやり・顧客満足の精神でしょうか？　確かにそれも必要なことです。しかし、それだけをもって対応にあたっているとしたら、お客さまに怒鳴られてあなた自身が傷つき、疲弊《ひへい》を重ねることになってしまいます。そのまま疲弊を重ね続けていくと、そのうちにあなたの心はパンクしてしまうでしょう。

そうならないクレーム対応のために必要なものはテクニックです。疲弊しないクレーム対応には、手順や話し方、聞き方などに一定のルールがあります。そんなテクニックを身につけ、使うことで、お客さまとケンカすることがなくなった、怒鳴られることがなくなった、傷つくことがなくなった、というふうにクレーム対応の結果が変わってきます。

例えるなら、クレーム対応は自動車の運転に似ています。安全に目的地にたどり着くことは、熱意や信念だけでは不可能です。運転の技術を教わり、習得し、そして正しく使ってはじめて安全に目的地にたどり着くことができるのです。

クレーム対応も「お客さまにわかってほしい」「お客さまに許してもらいたい」と念じているだけでは、自分のたどり着きたい結果にはならないのです。そのためのテクニックを知り、覚え、身につけて使わなければ、自分が目指しているゴールにはたどり着けないのです。

本書では、そんなクレーム対応の手順とテクニックを図解を交えてわかりやすく解説します。CHAPTER1では、クレームがこじれる理由やお客さまの隠された本音についてなど、手順を学ぶ前に知っておかなければならない知識を。CHAPTER2では、クレーム対応の手順を7stepにまとめ、あいさつやあいづち、提案など、それぞれの手順で必要になるテクニックをお教えします。CHAPTER3は、お詫びやお礼、やんわりとした拒否の言葉など、すぐに使えるテクニックを紹介します。CHAPTER4では、最新のクレーム事情を交えながら、企業のコンプライアンス違反やクレーム対応の勘違いルールについての知識をアップデートしてもらうための解説を。そしてCHAPTER5では、さびしがりクレーマーや揚げ足クレーマーなど、対応の難しい理不尽クレーマーへの対応方法をケース別に解説します。

本書を読み終わったとき、あなたはクレーム対応のテクニックが理解できているはずです。クレーム対応に悩む全ての人たちが、余計な疲弊をすることなく「クレーム対応」の理想的なゴールにたどり着けることを願っています。

中村友妃子

クレーム対応成功の 7STEP ステップ

クレーム発生から終結までの流れ

お客さまからのクレームをスムーズに終結させるための7つの対応手順を紹介します。
慌てないために覚えておきたいテクニックの詳細は、CHAPTER2で解説します。

1

第一印象を良くする好感発声（「ミ」のトーン・抑揚《よくよう》をつける・滑舌《かつぜつ》良く話す）で名乗りをする

CHAPTER 2-5,2-6

お客さま あらすじを話す

2

好印象と主導権のためにグリーティングの三段論法であいさつする

CHAPTER 2-7

お客さま 詳しい話

3

共感・慰労《いろう》・称賛《しょうさん》のあいづちでお客さまとの心の距離を縮める

CHAPTER 2-8

お客さま 詳しい話

4

会話の前半のお客さまからの質問には
アクティブリスニングで事情や心情を探る

CHAPTER
2-9,2-10

お客さま
解決に必要な情報を話し終える

5

数字入りの問いかけトークでこちらが話す
タイミングをとる

CHAPTER
2-11

6

簡潔な説明と先取り効果で、上げた拳を
下ろさせる「汗かき提案」をする

CHAPTER
2-12,2-13

7

導入・称賛・マナートークのクロージングで
「ありがとう」の一言をもらう

CHAPTER
2-14

CONTENTS

CHAPTER 5

難しい相手にはこう切り返す

理不尽クレーマーに対処するテクニック

CHAPTER

こじれるクレームの理由がここに

クレーム対応の基礎知識

クレーム対応のテクニックを学ぶ前に知っておきたい、
クレームがこじれる理由や
何をもってクレーム解決とするかといった基礎知識。
クレーム対応の基本的な考え方を知ることが、
テクニックをより深く理解することにつながります。

担当者の対応がクレームをエスカレートさせる理由

お客さまのクレームがエスカレートするのは、製品やサービスに問題が発生しているからだけではありません。実はお客さまの「心の事情」も存在しているのです。

HAPPY BIRTHDAY
子どもの気持ちを
どうしてくれるの!?

製品やサービスへの不満は氷山の一角。その裏には複雑な事情が……。

「製品に問題があった」「サービスが悪い」といったお客さまからのクレーム。企業は「修理」「交換」「返金」「解約」などで対応しようとしますが、それだけでは納得のいかないお客さまの怒りは増して事態はこじれることに。そんなお客さまのことを理不尽だと感じるかもしれませんが、怒りが増したのには理由があります。

それは対応した担当者が事情を察してくれなかったから。

製品やサービスの不具合によって起こった問題は実はお客さまが訴えたいことの氷山の一角。

このことを理解することが、クレーム対応の第一歩です。

気持ちを察し、共感し、寄り添うことでクレームはこじれない

お客さまは、それぞれに事情を抱えています。そんな中で、製品に不具合があったり、サービスに不満足だったことが原因で、お客さま個人の人間関係にひびが入ったり、自尊心《じそんしん》が傷ついたりすることがあります。

担当者がそんな心の傷をわかろうとしなかったり、気持ちに寄り添う態度を見せなかったとき、お客さまの苛立《いらだ》ちは高まり、クレームがエスカレートするのです。

クレームをこじれさせないためには、担当者が共感し寄り添う態度を見せることが重要。お客さまの心情を満たす担当者だとアピールすることが解決への近道です。

こじれるクレームの原因は「満たされない心情」

① 製品・サービスにトラブルが発生

↓ 同時に

② お客さま個人の事情にトラブルを併発

↓ しかし

③ 企業の対応は①に対してだけ

↓ ②への共感、寄り添う態度が見えない

満たされない心情がクレームをエスカレートさせる

POINT
心の事情を察してもらえないと
お客さまは苛立ち、クレームはこじれる。

クレーム対応は話の聞き方で明暗が分かれる

クレーム対応の基本は、お客さまの話をよく聞くことです。こちらから説明することに力を注ぐあまり、お客さまに話す機会を与えないことは、問題解決を遠ざけます。

「納得」するためには説明で理解するだけでなく心が満たされた実感が必要

「お客さまの話した時間が短い場合、クレーム対応はこじれる」

長年クレーム対応の現場で活躍する専門家の実感です。

お客さまのクレームに対して、担当者は製品やサービスに関する詳しい説明をします。しかし、こじれるクレームではお客さまはこうおっしゃいます。

「説明はわかったけれど、それでは納得できません!」

「納得」は「説明」によって得られるものではありません。説明を聞いて「物事を理解した」という思いと同時に、「自分の心が満たされた」という実感を得てはじめてお客さまは納得するのです。

お客さまの話に含まれている解決のヒント

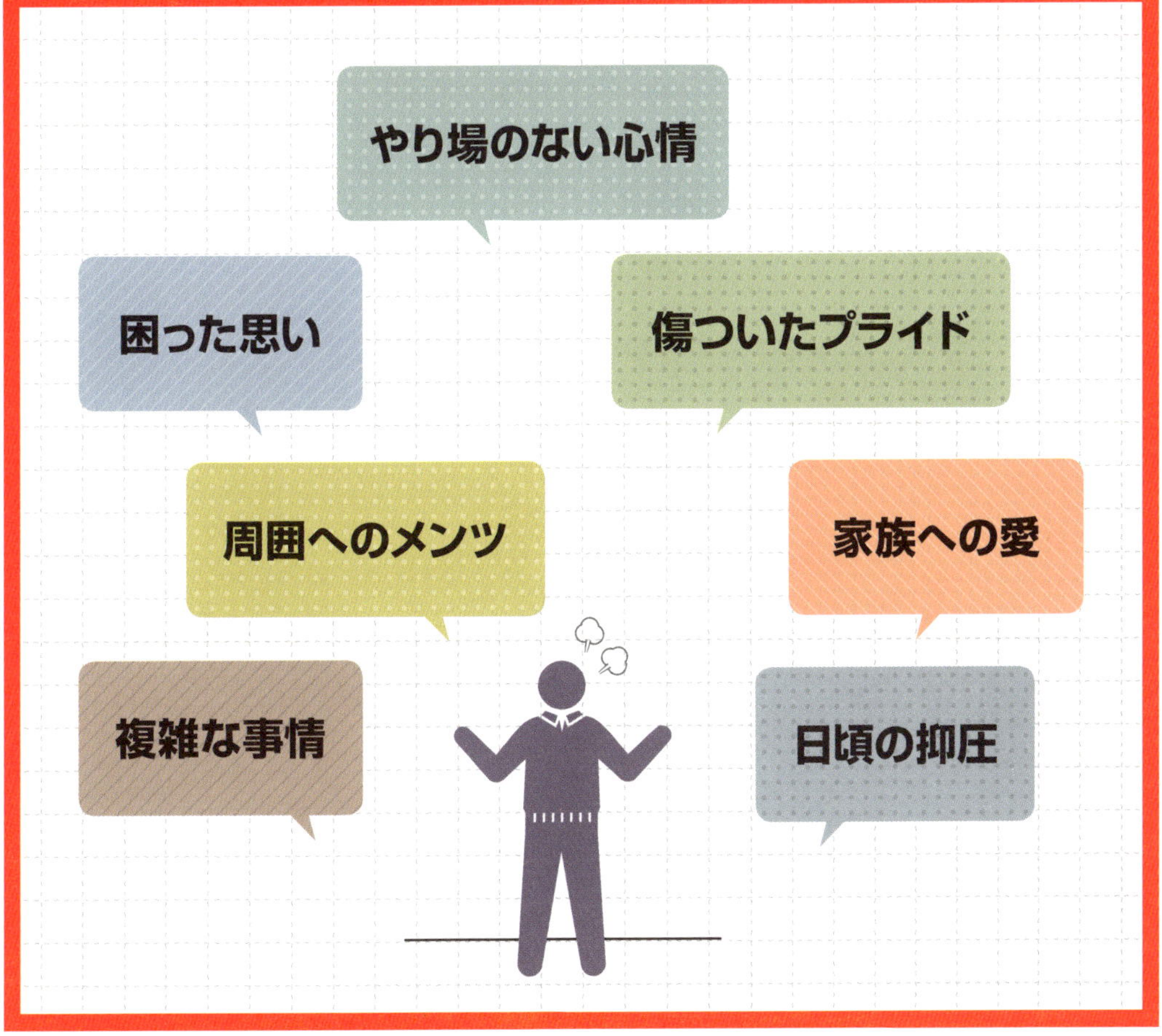

「しゃべらせる」ことで話の中から事情を察する

では、お客さまの心を満たすには何が必要なのか。それは、お客さまにたくさんしゃべらせることです。

クレームを訴えるお客さまは、「自分の困った思いを聞いてほしい！」という気持ちで連絡してきます。まずは、その気持ちに応えてあげることが重要です。

たくさん「しゃべらせる」ことで、最初は興奮したり、粗暴《そぼう》な態度だったお客さまも、少しずつ冷静さを取り戻すはずです。共感を示すあいづちなどを返しながら聞くことでお客さまの心情が満たされ、徐々にクレームの裏に隠れた事情がわかってくるでしょう。

POINT

お客さまはどれだけ困ったかを聞いてほしい。

聞き上手になって、事情を引き出しましょう。

お客さまが本当に求めていること

お客さまが求めているのは、商品やサービスに対する問題を解決することばかりではありません。事情、心情、困りごとに、共感を表す言葉も必要です。

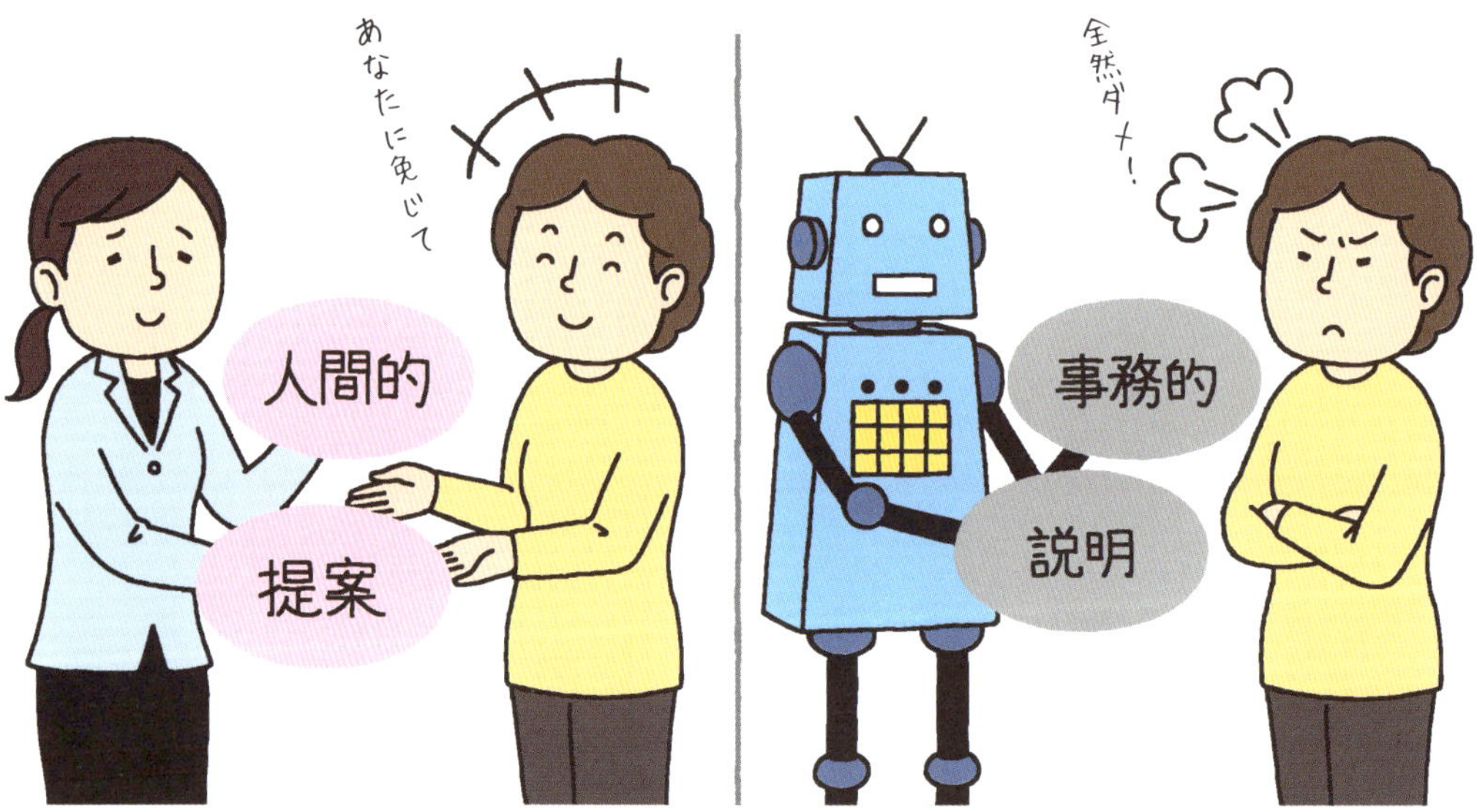

製品とサービスへの対応だけがお客さまの求めている対応ではない

通常、お客さまからのクレームを受けた企業は、「事実の確認」「原因の究明」を行います。そしてその結果を受けて、商品やサービスの「修理」「交換」「返金」「解約」などの対応が行われることになります。

お客さまがこれらの対応が十分だと感じれば、そのクレームは解決です。しかし、スムーズに納得してもらえるクレームばかりではありません。

LESSON1でも説明したように、**お客さまの「事情」に対し十分に寄り添えていないと、スムーズに納得を得ることはできません。**

補償が十分でなくても困っている気持ちや事情を理解することでしずまる

お客さまの話をまだよく聞かないうちに、立て板に水の説明を事務的にはじめたり、冷静に淡々《たんたん》とした調子で結論だけを話すといった対応は確実に失敗するクレーム対応です。

このような対応はお客さまに「言い訳をしている」「一方的」「マニュアル的」「事務的」な対応と感じとられます。

お客さまに寄り添った対応を心がけることで、たとえ商品やサービスの補償がお客さまの希望どおりにならなくても、**「話をしていたら何となく怒りが収まってきた」**と感じてもらえるような対応をすることが大切です。

お客さまの求める対応・求めない対応

言葉だけの「申し訳ありません」
事務的な説明
即時、明快《めいかい》に回答すること
公平・平等な回答
淡々とした態度
NG
困りごとに共感
心情に寄り添う
じっくり事情を聞く
知恵を絞った提案
苦悩・困惑した態度
OK

POINT お客さまの事情を理解し受け止めることでクレームがこじれることは防ぐことができる。

CHAPTER 1
LESSON 4

お互いにとって気持ちの良い着地になるために

いつもお客さまの要望を100%満たせるクレームばかりとはいえません。それでも終結させるためには、クレームの着地点を定めておく必要があります。

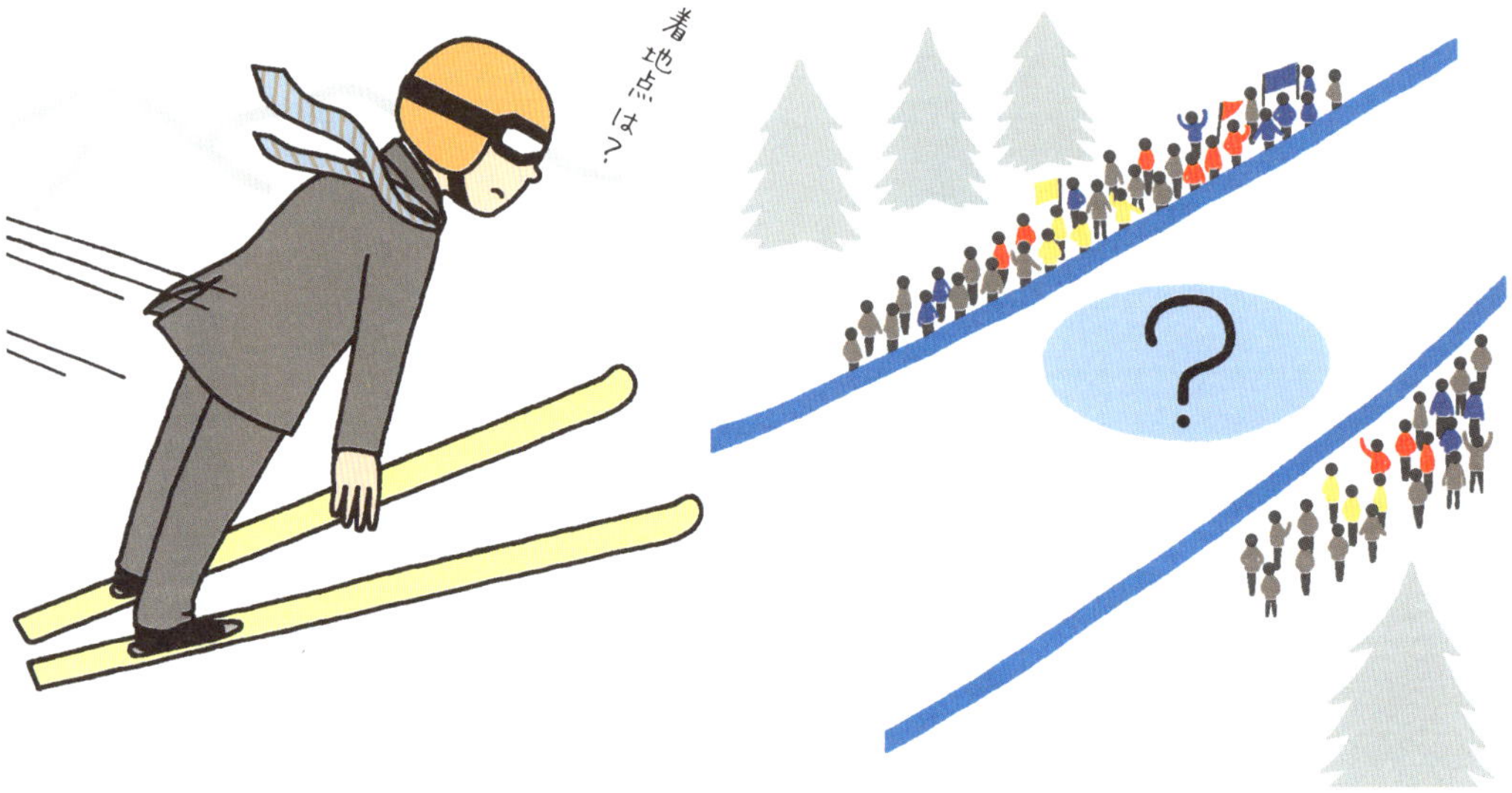

お客さまに自分を気に入ってもらい、信頼してもらう

お客さまは、自分一人の消費者の声で明日から企業が変わったり、製品が望みどおり改善されることは難しいと承知しています。

「会社」や「商品」に対して、努力以外の約束はしてもらえなくても、「こんなに誠実な担当者がいるなら、いずれ改善されるだろう」と期待を持つことができれば、今日のところは許す気になるものなのです。

つまり、**クレームの着地点は、お客さまに担当者自身を気に入ってもらい、信頼してもらうこと。**今日のところは要求はかなえられなくても、担当者に免じて引き下がってもらいましょう。

クレームを気持ち良く解決する

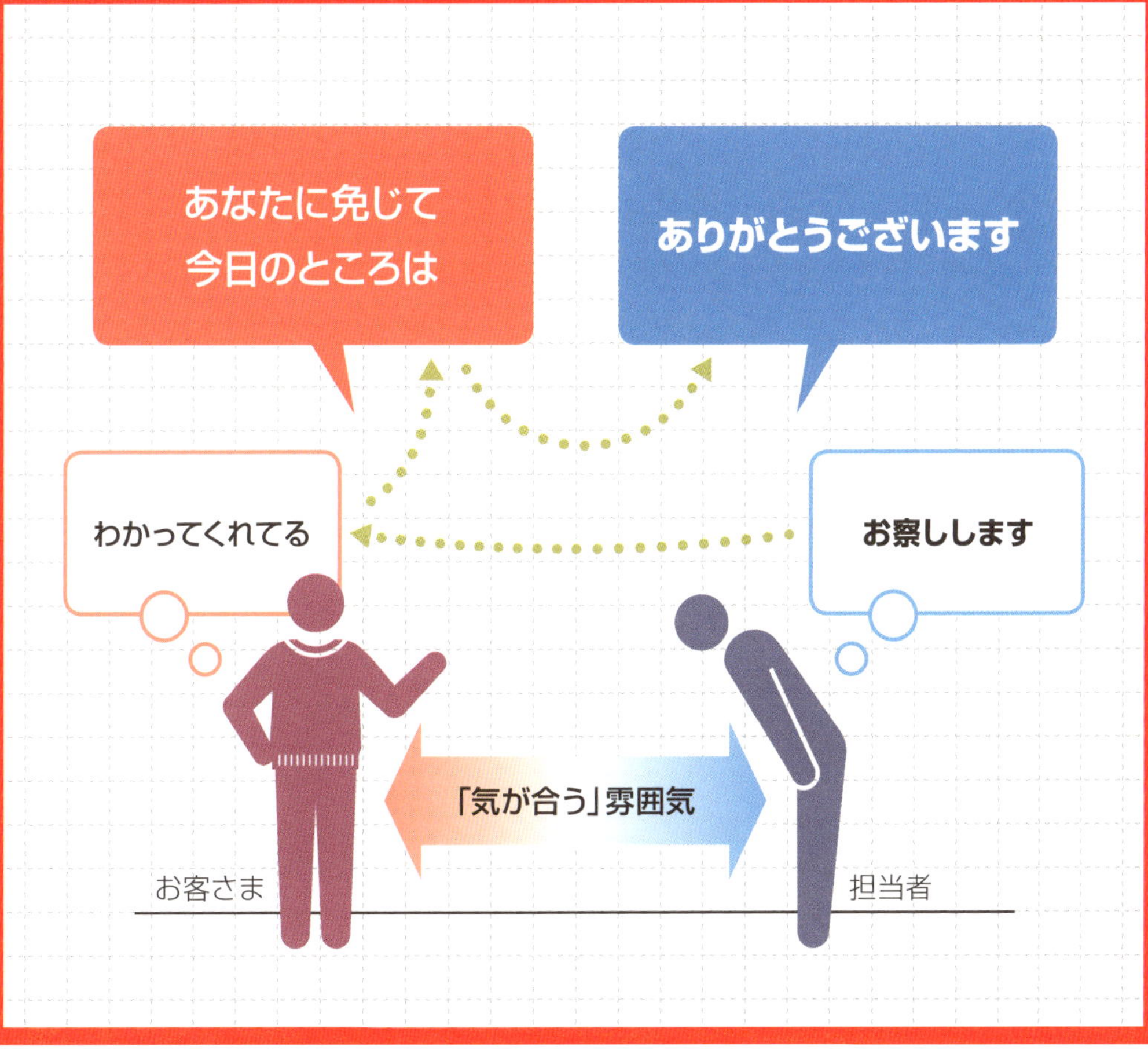

「気が合う」という雰囲気を作って気持ちの良い着地を

人は自分の思いに共感してくれる他人に悪い感情は抱きません。

信頼される担当者になるためには、CHAPTER2で解説する共感や称賛《しょうさん》のあいづちなどのテクニックを使いましょう。そして、お客さまに「この担当者はわかってくれてる」と思ってもらいます。

会話の中で、**お客さまと担当者の間に、「気が合う」という雰囲気を作り出す**ことができれば、そのクレームがしずまる可能性が高くなります。

担当者もお客さまも気持ち良く終えることができれば、そのクレーム対応は成功したといえるでしょう。

POINT **自分の思いを共有してくれる担当者だと感じたらお客さまの怒りはしずまる。**

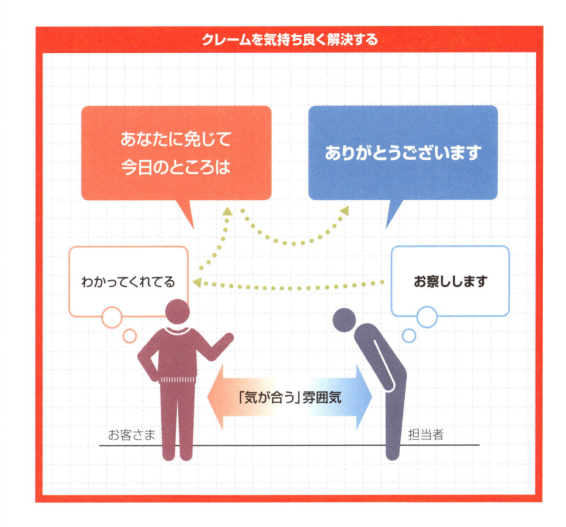

CHAPTER 1

こじれるクレームの理由がここに **クレーム対応の基礎知識**

Points for Complaints

1 心の事情を察してもらえないと
クレームはこじれる。

2 お客さまの話した時間が短いと、
クレームはこじれる。

3 お客さまは自分の困った思いを
聞いてほしい。

4 「冷静」「淡々」「事務的」な
対応はNG。

5 心情に寄り添い、共感する対応が
クレームを解決する。

6 お客さまと担当者の「気が合う」
雰囲気を作る。

7 クレーム対応の着地点は、担当者
自身を気に入ってもらうこと。

CHAPTER 2

上手くいく
クレーム対応の法則

クレーム終結までの7つのステップ

名乗り、あいづち、質問、提案、クロージング……。
クレームの発生から終結まで、
押さえておけば対応成功につながるポイントを
7ステップに分けて解説します。
全て身につければクレーム対応成功はすぐそこです。

クレーム対応のStep1①

最初の6秒間の印象が クレーム対応の成《せい》否《ひ》を決める

人は相手に接して6秒前後で「好き」か「嫌い」かを決めるといわれます。だからクレーム対応においても、最初の印象が重要になります。

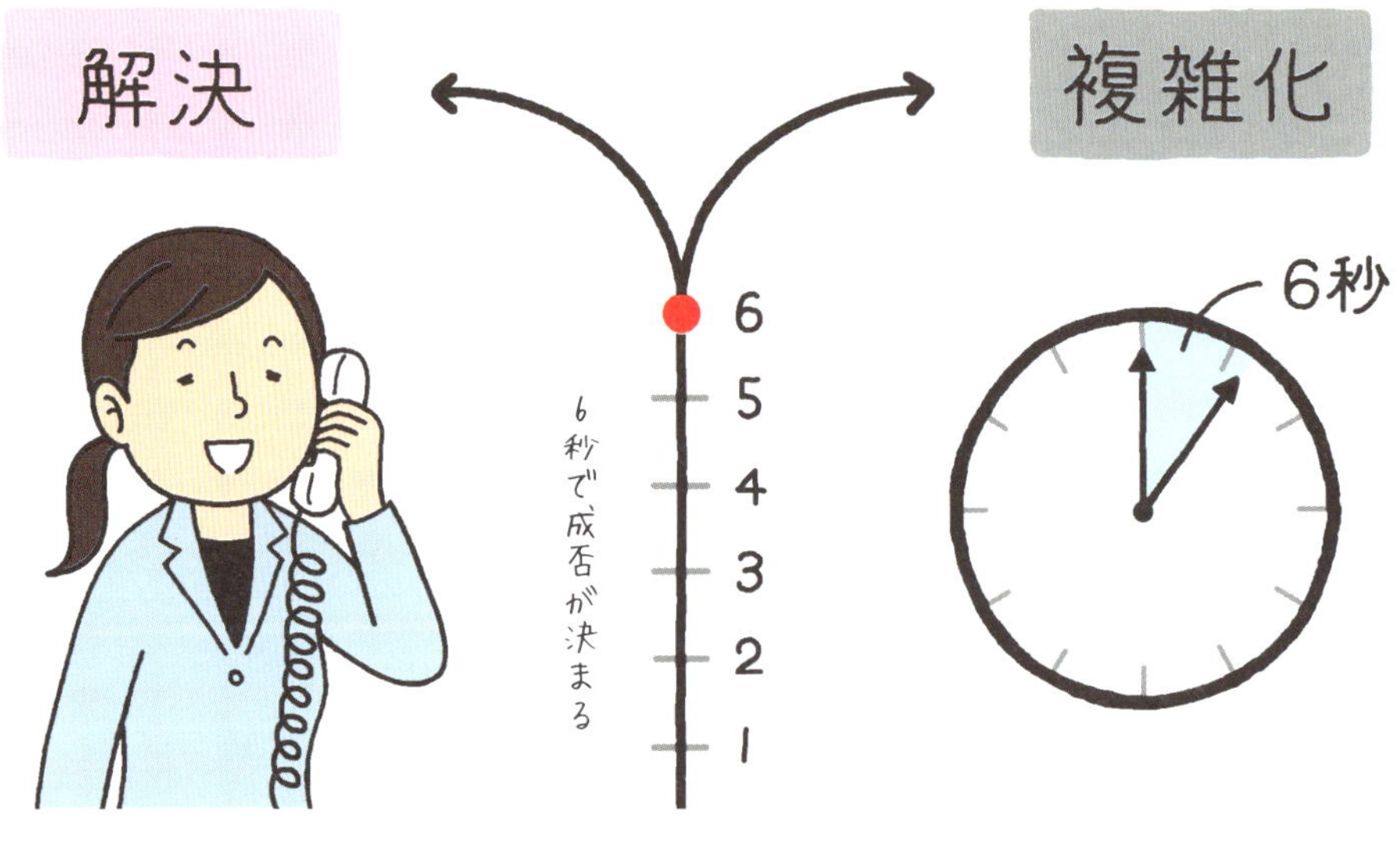

人はたった6秒で相手のことを好きか嫌いか決めてしまう

人は接した他人に対して「好き」か「嫌い」かを、6秒前後で自分の中に決めてしまう習性があるといいます。

ここからわかることは、第一印象は重要だということ。これはクレーム対応の現場でも同様です。第一印象でお客さまに良くない印象を持たれてしまうと、好ましい結果にはなりません。つまり、こじれなくて済むクレームも第一印象が良くないとこじれてしまうこともあるということです。

このCHAPTERで最初に覚えておきたいのは、**クレーム対応の成否を分けるのは最初の6秒間**だということ。

好印象を与える声で
あいさつをすることが
クレーム対応の最初ポイント

最初の6秒間で好印象を与えると、お客さまが冷静になってくれる可能性が高くなります。逆に最初の印象が悪ければ、「嫌なヤツ」と思われてお客さまが対抗心を燃やします。ここでお客さまの感情を荒立ててしまうと、クレーム対応において好ましい結果にはなりません。

最初の6秒間でやれることは「名乗りとあいさつ」です。つまり、**あいさつの言葉と声で好かれるようにすることがクレーム対応の最初のポイント**ということです。次の項目では、具体的に好かれる声を出す三つのポイントについて解説します。

最初の6秒間がクレーム対応の成否を分ける

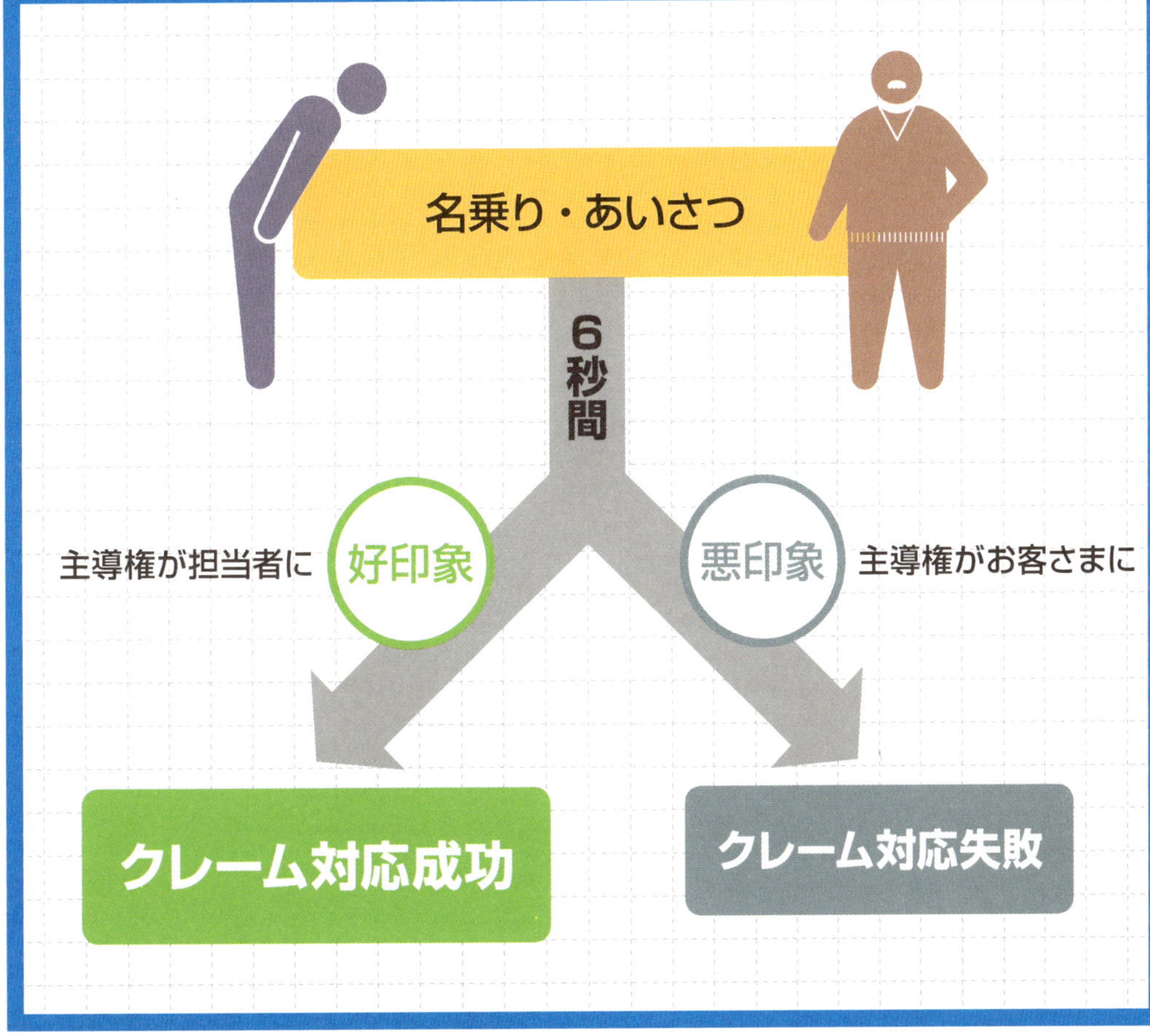
名乗り・あいさつ
6秒間
主導権が担当者に
好印象
悪印象
主導権がお客さまに
クレーム対応成功
クレーム対応失敗

POINT
人の印象は最初の6秒で決まってしまう。
好かれる声でお客さまの興奮をしずめましょう。

クレーム対応のStep1②

第一印象を良くする

好感発声の三つのポイント

人に与える印象に大きな作用を及ぼす声と話し方。たった三つのポイントを意識するだけで、信頼できる担当者の声になります。

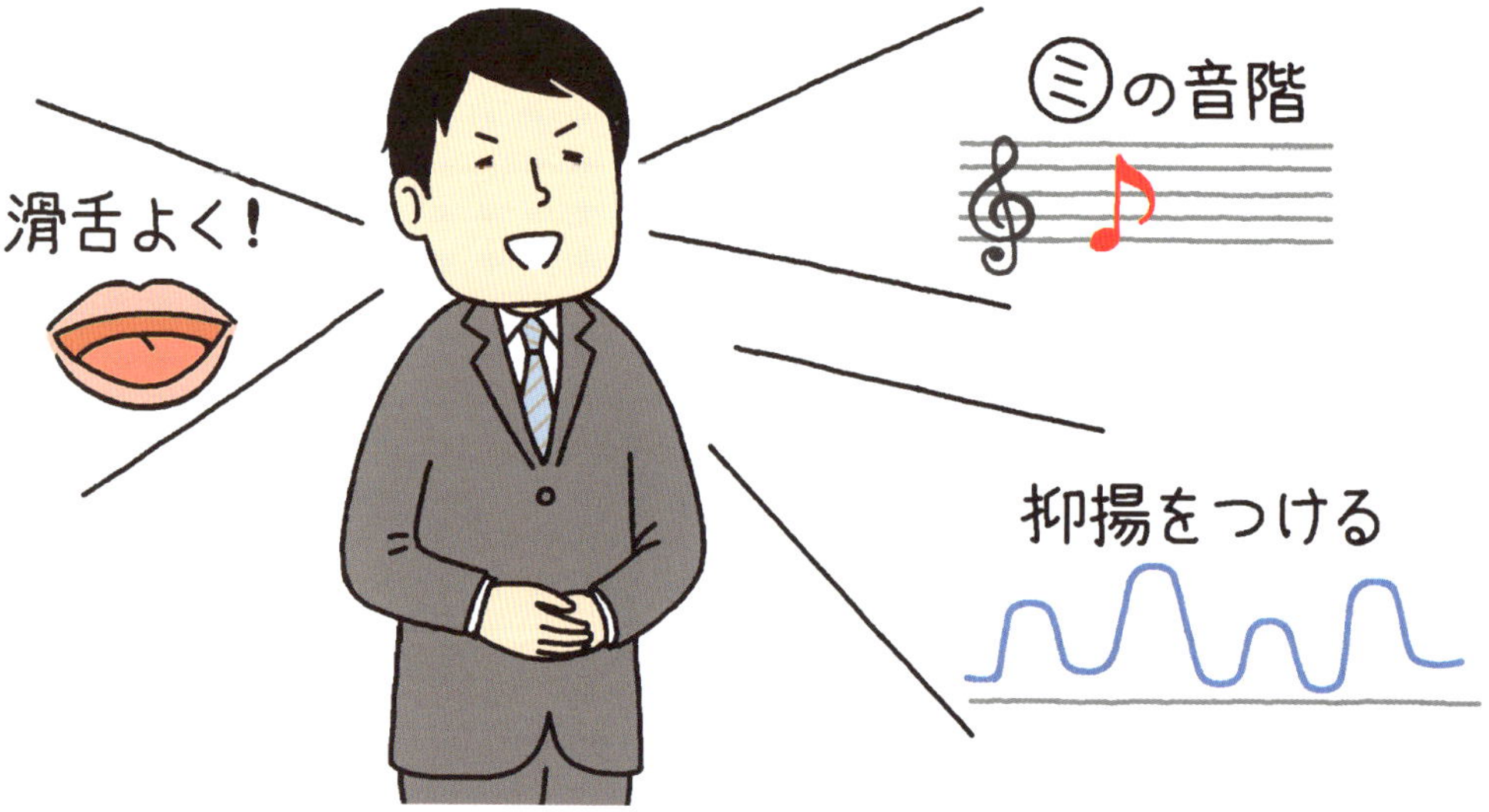

「『ミ』の音階」は冷静な印象を。「抑揚をつけて話す」ことでやさしそうなイメージを

信頼できる担当者だと判断してもらえる発声のコツは三つです。

①声のトーンは「ミ」の音階
②抑揚《よくよう》をつけて話す
③滑舌《かつぜつ》良く話す

「ドレミ」の「『ミ』の音階」で話すと、冷静、落ち着いている、頭が良さそう、といった印象を与えます。しかし、これだけでは事務的、冷たい印象を与えることにもなってしまいます。

それをカバーするためには「抑揚をつけて話す」ことが大切なポイント。これにより、「ミ」の弱点を補い、やさしそう、あたたかい人柄のイメージを相手に伝えることもできます。

好感発声の三つのポイント

「ミ」の音階の声 → 冷静・聡明《そうめい》

抑揚豊かな話し方 → やさしい・あたたかい

滑舌の良い話し方 → 信頼できる・しっかりしている

［練習用例文］

お電話ありがとうございます。
○○社お客さまセンター、△△でございます

しっかりと真面目《まじめ》に対応してくれる担当者だという印象は滑舌で強化

この場合に気をつけなければならないのは、やさしそうな印象は弱々しいと感じとられてしまうということ。厳しく言えば、希望を全てかなえてくれる担当者だとお客さまに思われてしまう可能性があります。

これを「滑舌良く話す」ことで、しっかりしていそう、という印象を与えてカバーします。

この三つのポイントを全て満たした声であいさつができれば、お客さまに好印象を与えることができるといえます。

自分の声を録音して聞いてみるなど、繰り返し練習をして身につけましょう。

POINT

好感発声の三つのポイントは

「『ミ』の音階」で「抑揚」をつけて「滑舌」良く。

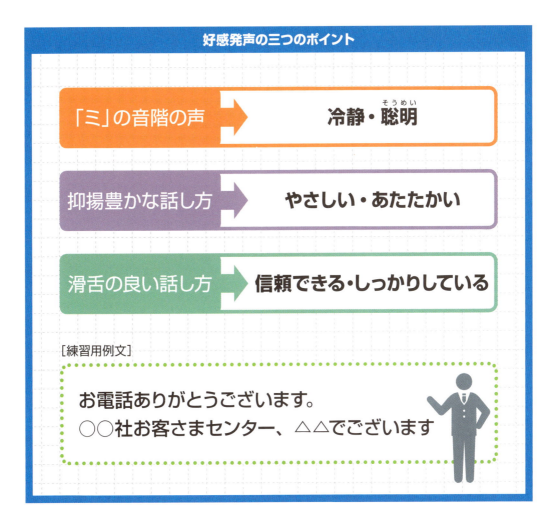

クレーム対応のStep2

グリーティングの三段論法で好印象と主導権を獲得する

グリーティングとは、「目的を持ったあいさつ」のことです。「グリーティングの三段論法」を使うことで、「好感度」を上げ「主導権」を握るという目的が達成できます。

「お礼」&「お詫び」&「問いかけ」で好感を得ながら主導権を握る

Step1の担当者の名乗りが済んだら、ほとんどの場合、お客さまがクレーム内容についてあらすじを話します。

それがこれまでに前例や経験のあるクレーム事例なら、返答や結論がすぐ出せる場合もあると思います。しかし、ここはグッとガマンして、まだ説明や回答をしないことが重要です。

あらすじの次にやることは「グリーティングの三段論法」です。これは、**「お礼」&「お詫び」&「問いかけ」の言葉をセットにして投げかけることです。**これによって、好感を得ながら主導権を握ることができます。

「お詫び」は必ず真ん中に。相手の言葉に引きずられず全て言い切ることが大切

具体的には下の図にまとめたような長いあいさつを言うことが大切です。

気をつけたいのは「お詫び」の言葉を言う順番。お客さまが求めているお詫びの言葉をこの「グリーティングの三段論法」で言っておくのは大切なことですが、**強調をしてしまうと、「非を認めた」と捉えられてしまいます。**なので、「お礼」と「問いかけ」の間にはさむことが好ましいのです。

また、「グリーティングの三段論法」を言い切らないうちに、お客さまが割り込んでくることもありますが、三つの言葉を全て言い切ることを心がけましょう。

グリーティングの三段論法の例

1 契約内容に関するクレームに対して	お礼	このたびはご契約ありがとうございます。
	& お詫び	それにもかかわらず、ご期待を損なっておりますようで申し訳ございません。
	& 問いかけ	もう少し詳しくお話をお聞かせいただけますでしょうか。
2 製品の不具合に関するクレームに対して	お礼	長年のご愛顧《あいこ》ありがとうございます。
	& お詫び	それにもかかわらず、このたびはご不自由をおかけしておりますようで申し訳ございません。
	& 問いかけ	しかるべき対応をさせていただきたいと思いますので、2、3お教えいただけますでしょうか。
3 接客対応に関するクレームに対して	お礼	このたびは私どもへのご指摘ありがとうございます。
	& お詫び	ショップで行き届かない対応がございましたようで申し訳ございません。
	& 問いかけ	最適な対応をと思いますので、もう少し教えていただきたいと思いますが、お時間よろしいでしょうか。

POINT

「お礼」&「お詫び」&「問いかけ」で主導権を握る。

解決のために必須のテクニックです。

クレーム対応のStep3

あいづちは共感・慰労《いろう》・称賛《しょうさん》の言葉を使う

お客さまの話を聞いているときに大切なことは、的確なあいづちを打つこと。相手の心に響くあいづちは距離を縮めてクレーム解決の助けになってくれます。

お客さまにたくさん話してもらうために心のかけ橋がかかるあいづちを打つ

「グリーティングの三段論法」でお客さまの気持ちを柔らかくしたら、本格的に話を聞くことがはじまります。

このときポイントになるのは、**共感、慰労、称賛の言葉を使ったあいづちを打つ**こと。

クレーム対応の重要なポイントはお客さまの詳しい事情や心情を知ることです。そのため、お客さまにはたくさん話してもらうことが必要になります。

つい「申し訳ございません」の繰り返しになりがちなあいづちですが、それではお客さまの話がはずまない上に、苛立ちをさらに高めてしまうことにもなります。

共感・慰労・称賛のあいづちの例

共感

「それでご契約いただいたんですね…」
「お子さまと一緒にということですねぇ…」
「ご家族にも納得していただきたいと…」
「なのでお電話いただいたのですね…」
「そんなことがございましたか…」

慰労

「それはお困りですよねぇ…」
「それはご心配ですよねぇ…」
「それはご負担ですよねぇ…」
「それはお悩みでございますよねぇ…」
「それは戸惑われますよねぇ…」
「事務的だったということですねぇ…」

称賛

「ありがたいお話でございます…」
「さすがでございますねぇ…」
「よくご存じで…」
「助かります…」
「勉強になります…」
「教わった思いでございます…」

共感、慰労、称賛のあいづちを使い分けて気が合う雰囲気に

共感のあいづちは、お客さまの個人的事情、心情を表すキーワードを復唱《ふくしょう》するのが基本。キーワードを的確に捉えることが大切。

慰労のあいづちは、お客さまのお困り、お悩みなどに対して。お客さまから「そうそう」「そうなんです」といったような「YES」の反応を引き出すことで、担当者とお客さまが気が合う雰囲気に。

称賛のあいづちは、相手の自尊心をくすぐることができ、同時に「よくわかっている担当者」だと感じてもらうこともできます。

これらを、「はい」「ええ」などの通常のあいづちの中にしばしば差しこんで使いましょう。

POINT

お客さまの話がはずむようなあいづちが重要。

共感・慰労・称賛の言葉で心の距離を縮める。

クレーム対応のStep4①

相手からの質問には水面下に言いたいことが隠れている

お話の中でお客さまは様々な質問を投げかけてきます。その質問の真意を正しくつかむことができれば、怒りの裏にある本音を捉えることができます。

怒っているお客さまから投げかけられる質問。その心理とは？

心のかけ橋をかけるため、あいづちを打ちながら話を聞いていると、お客さまからたびたび質問の言葉が投げかけられます。担当者はそれについ応えて説明をしたくなってしまいますが、それは間違った対応です。

怒っている人は相手を質問攻めにしたくなる意識が働きます。一般的に質問をするときの人の心理には、

①本当に答えがほしい質問
②自分の気持ちに共感しているかどうかを測るための質問
③話を進めるためのきっかけ作りの質問

の三種類があります。

お客さまの質問は担当者の考えを探る質問。答えがほしいわけではない

あいづちを打ちながら話を聞いている段階で、お客さまから投げかけられる質問の目的は、右の②か③です。

つまり、お客さまからの質問の多くは、本当は答えや説明を求めているのではなく、**担当者に気づいてほしいことや、担当者に気づかせようとしている心理が隠れた質問なのです。**

お客さまの話に表れている思いは氷山の一角、しかしこの「質問」の水面下には、気づいてほしい事情が隠れているのです。

このことを踏まえ、上手に本音を引き出すテクニックを次の項目で解説します。

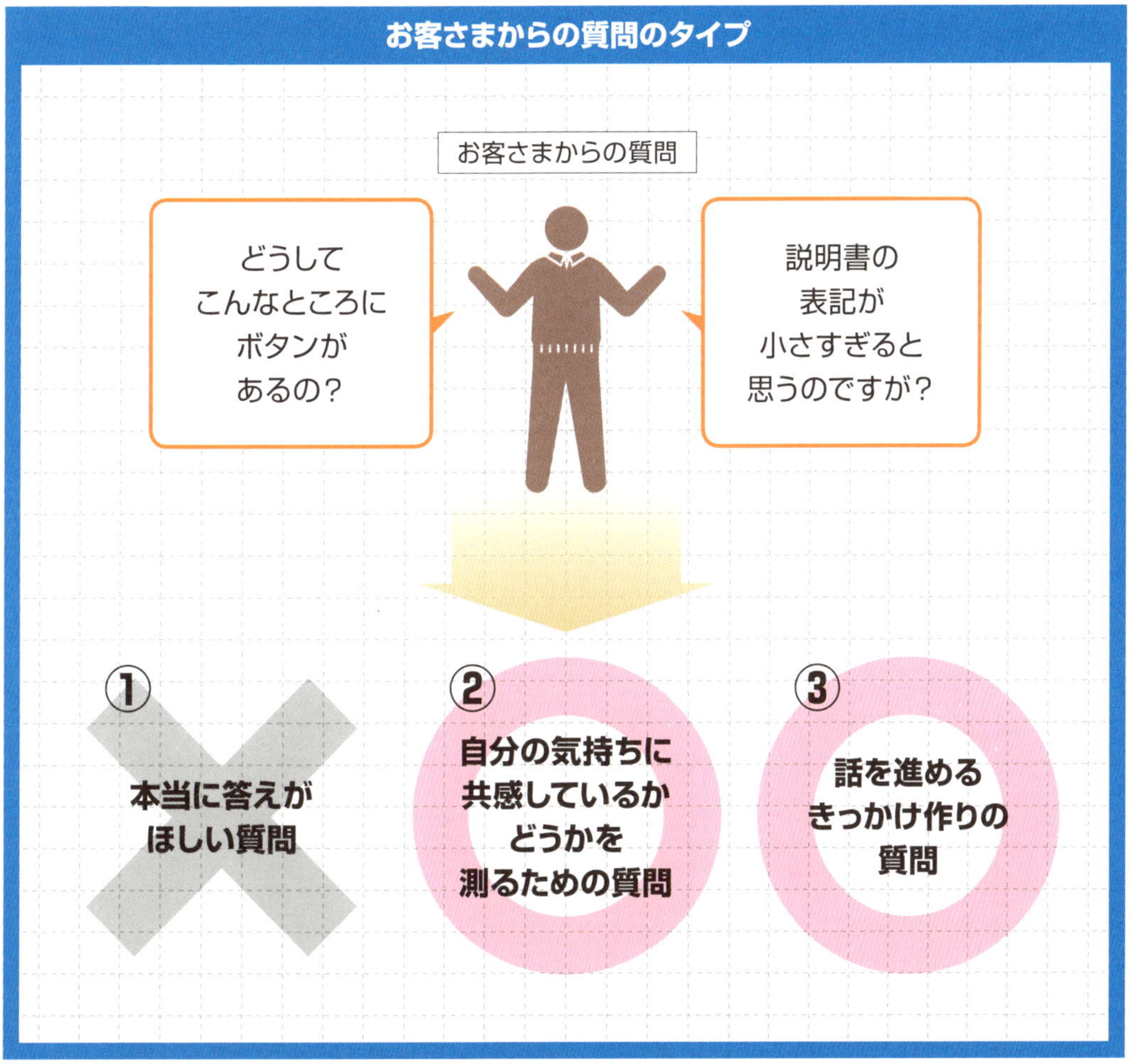

お客さまからの質問のタイプ
お客さまからの質問
どうして こんなところに ボタンが あるの？
説明書の 表記が 小さすぎると 思うのですが？
①
本当に答えがほしい質問
②
自分の気持ちに共感しているかどうかを測るための質問
③
話を進めるきっかけ作りの質問

POINT お客さまからの質問には担当者に気づいてほしい事情が隠れている。

クレーム対応のStep4②

お客さまの本音を引き出す アクティブリスニング

クレーム対応のカギはお客さまの話の中にあります。お客さまの質問に対して質問で返すことによって、お客さまの本音を自然に引き出すことができます。

お客さまの話の中から担当者がつかむべきことはお客さまの困っている事情

お客さまに話してもらえばもらうほど、そのクレームは解決に近づいていきますが、ただ相手にまかせて話してもらうだけでは表面上のことを繰り返し聞くだけになります。

担当者がクレーム対応を成功させるために本当に知らなければならないのは、「怒る事情」「怒りたい事態が原因で困っている事情」です。

そこで、合理的に本音や事情を言ってもらうためのテクニックが「アクティブリスニング」。日本語にすると「積極的傾聴《けいちょう》」です。**「共感して、質問して、話を聞くこと」**をいいます。

アクティブリスニングの実践例

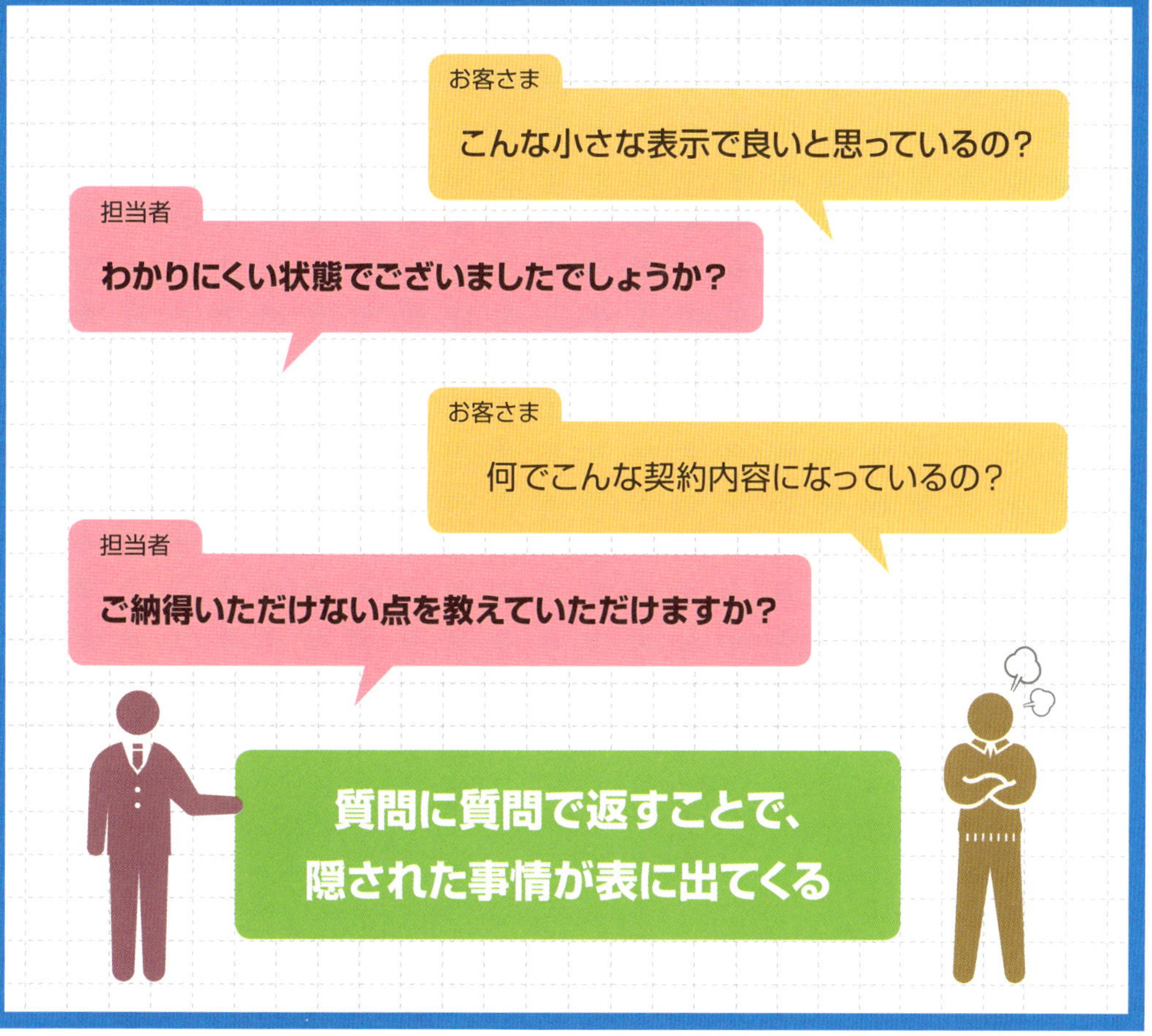

お客さまからの質問に急いで焦って答えを言わない、説明をしない

アクティブリスニングの方法は**お客さまの質問に質問で返す**ことです。

お客さまの質問に質問で返すというのは、上の図のようなことです。こちらの質問にお客さまに答えていただくことが大切です。それによって、「お客さまはなぜそのことにこだわっているのか」「お客さまは個人的に何に困っているのか」など、水面下の事情や心情がわかってくるのです。

アクティブリスニングをないがしろにして、お客さまからの質問にいきなり説明で返すとクレームがこじれてしまう可能性を高めてしまうことになります。

POINT

本当の事情や心情を探って解決に近づくには、お客さまの質問に説明で返そうとしないこと。

クレーム対応のStep5

数字入りの問いかけトークでこちらが話すタイミングをとる

お申し出の内容が理解できたなら、担当者は聞き役から話し役に回らなければいけません。そのときに有効なのが、数字入りのトークで仕切り直しをすることです。

内容を理解したら失礼のないように話し役に回る

あいづちやアクティブリスニングによって、お客さまの話を十分に聞くことができ、クレームの内容と事情をだいたい理解したら、いよいよ担当者が話をたくさんする場面になります。

人が一つの話題について話し続けられるのはだいたい20分が限界といわれています。たとえ、話の長いお客さまだとしても、**20分を目処にして相手の話を聞くのを切り上げる工夫をしましょう。**

ただし、何の策もなしに話し役に回ろうとしても、上手くいきません。話し役の権限を獲得するのにも、相手に失礼のないようにするテクニックが必要です。

数字入りの問いかけトークで相手に話を止めてもらう

話し役に回るときは、数字入りの問いかけトークが効果的です。

　具体的には、「お客さま、一つ私からお話をよろしいでしょうか」「お客さま、二、三教えていただきたいことがございます」「お客さま、三つほど確認させていただきます」「お客さま、私が2、3分お時間をいただいてもよろしいですか」「もう一歩お話を進めましょう」というように、一、二、三の数字の入った問いかけトークを言うことです。

　そうすることで、お客さまは「それならどうぞ」という気持ちになり、担当者に話し役を譲ってくれる可能性が高くなります。

数字入りの仕切り直しトークの例

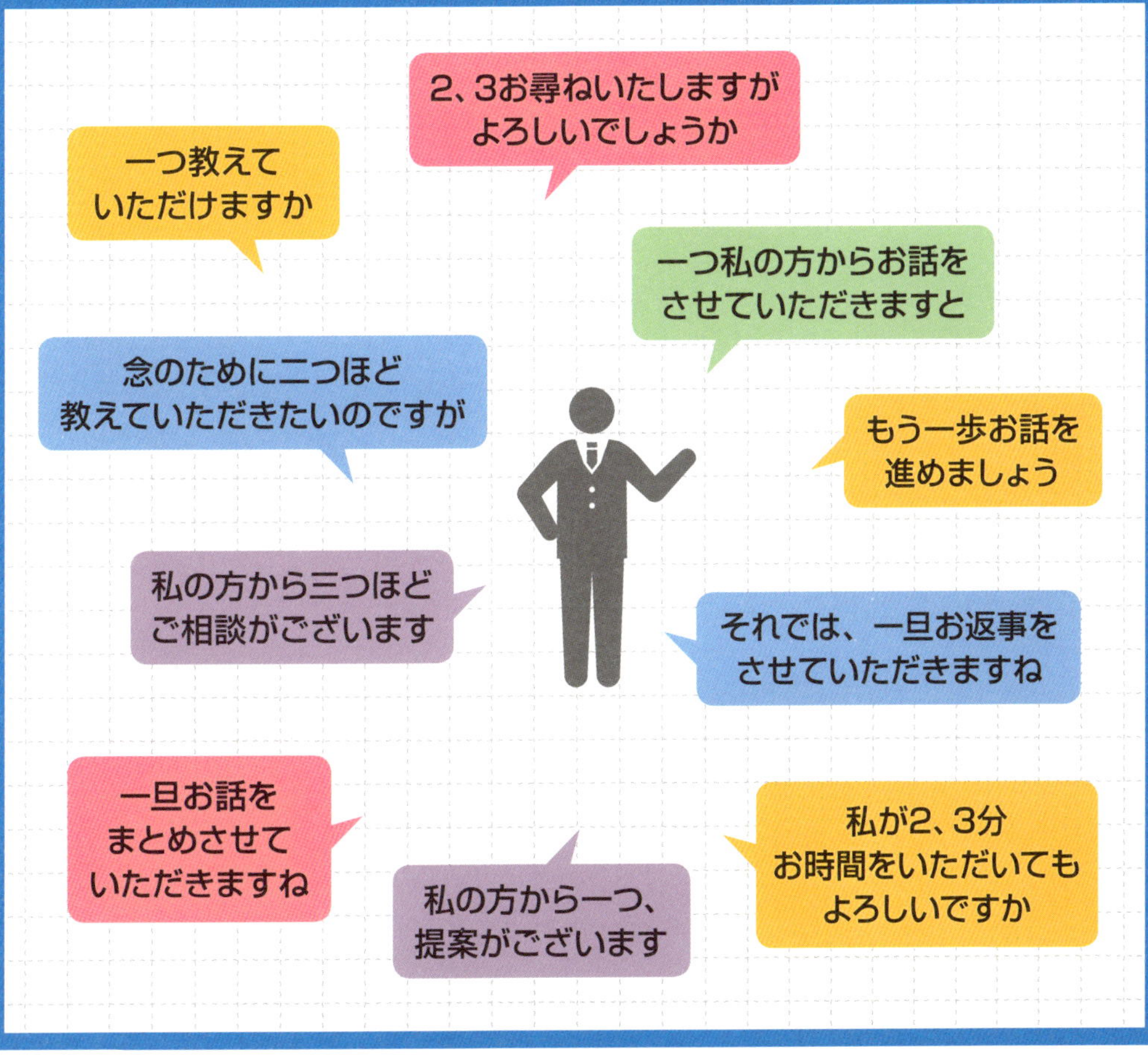
2、3お尋ねいたしますがよろしいでしょうか
一つ教えていただけますか
一つ私の方からお話をさせていただきますと
念のために二つほど教えていただきたいのですが
もう一歩お話を進めましょう
私の方から三つほどご相談がございます
それでは、一旦お返事をさせていただきますね
一旦お話をまとめさせていただきますね
私が2、3分お時間をいただいてもよろしいですか
私の方から一つ、提案がございます

POINT
お客さまの話は20分をめどに聞き役を終える。
数字入りのトークで仕切り直して話し役に回る。

クレーム対応のStep6①

説明は引き下がらせる力にはならない

ダラダラと長い説明や専門的な説明は、お客さまを苛立たせてしまいます。説明はお客さまにとってわずらわしいものです。

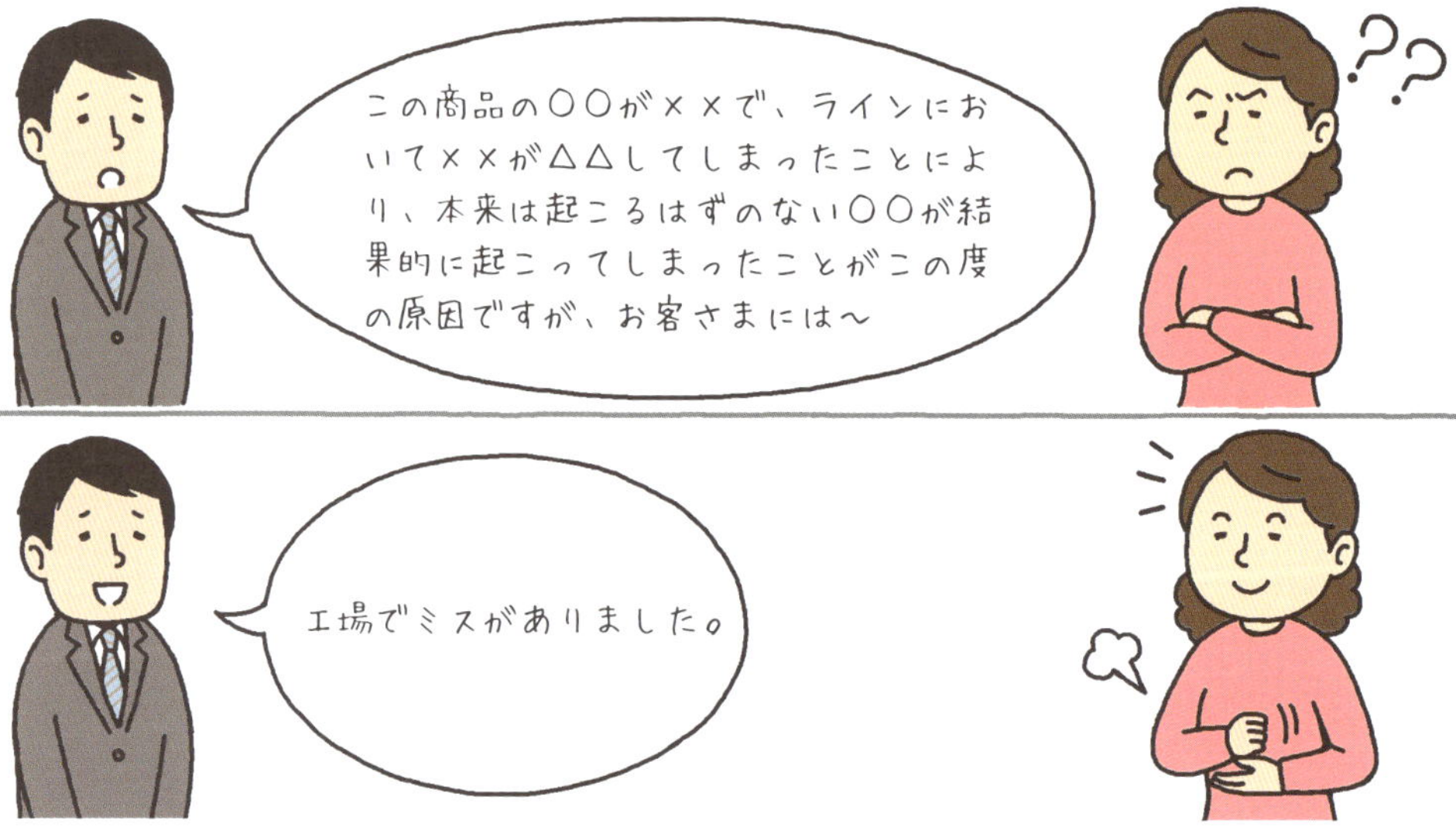

長い説明や専門的な説明はお客さまを苛立たせる

いよいよ担当者が話し手となったところで、覚えておきたいのが説明をするときのテクニック。

辛抱《しんぼう》してお客さまの話を聞いてきた担当者としては、たくさんのことを説明したくなりますが、残念ながら、**説明自体にお客さまを引き下がらせる力はありません。**

長い説明や早口の説明、専門的な説明などは、むしろ「お客さん、そんなことも知らないの?」と言われているように感じてしまうのです。その結果、言葉の端々《はしばし》で揚げ足を取りたくなり、クレームの内容とは無関係な部分にこだわりたくなって、担当者を困らせるお客さまになってしまうのです。

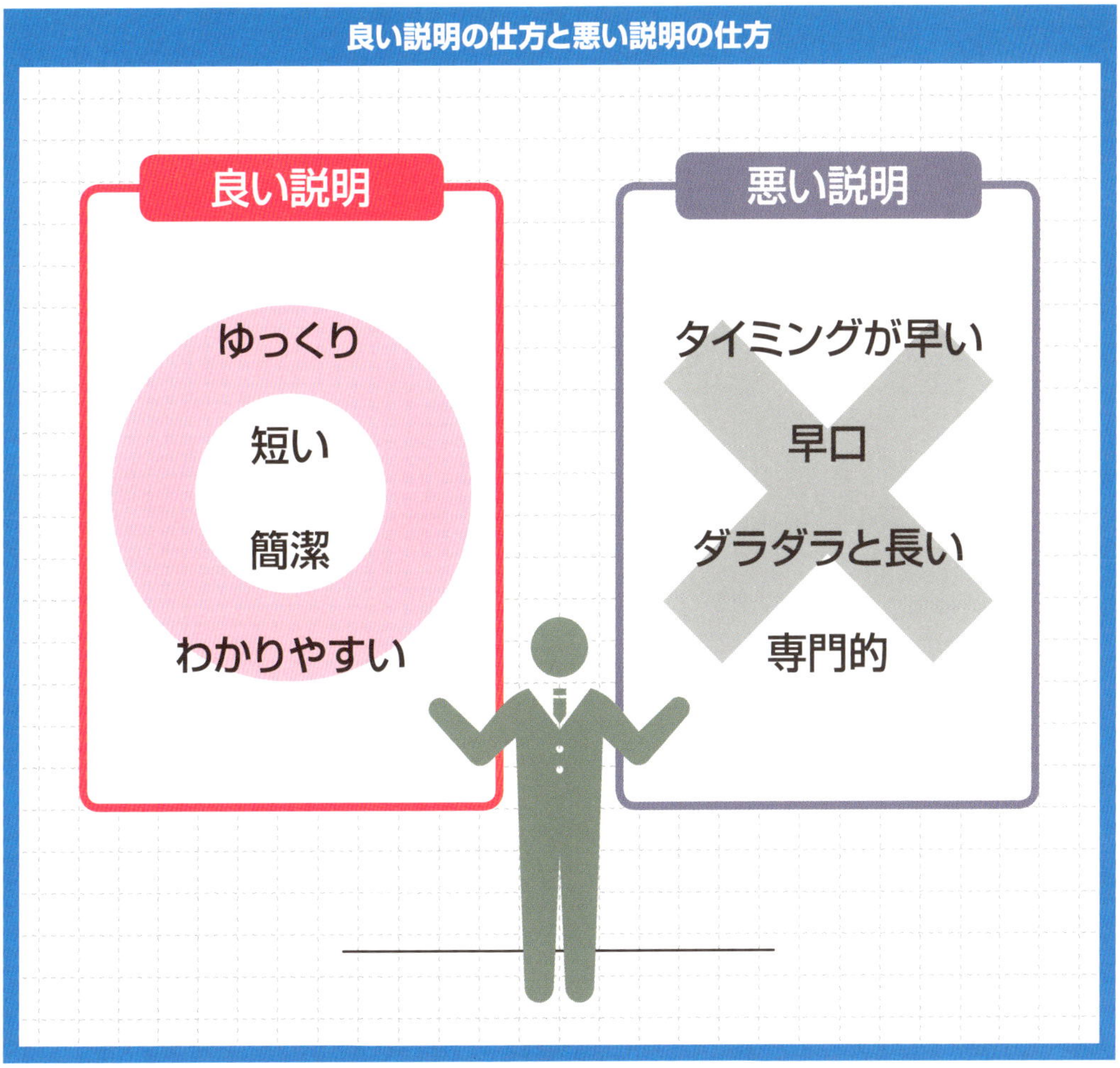

ゆっくりとコンパクトな説明を心がける

クレーム対応では、企業側の考えや、製品やサービスの説明をできるだけ少なくすることが、相手に快《こころよ》く引き下がってもらうテクニックでもあります。

つまり、**説明は長すぎずに、コンパクトなものにしなければいけません。専門的でわかりにくい説明も好ましくはありません。**さらに、相手が引き下がらないと、焦ってどんどん早口で説明するようになりますが、これもNGです。

お客さまは、「説明は企業の押しつけや言い訳だ」と感じとりやすいものです。説明は詳しくなりすぎないように心がけるようにしましょう。

POINT

長い説明はお客さまを苛立たせる。

ゆっくりと必要最低限のわかりやすい説明を。

クレーム対応のStep6②

担当者の「汗かき提案」でこちらの熱意を伝える

必要最低限の説明をしたら、今度はお客さまの気持ちを先取りして、こちらから提案をします。それも担当者の工夫が見られる提案でなければ効果がありません。

お客さまの気持ちを先取りしてこちらから提案する

前項で触れたとおり、説明自体にはお客さまに引き下がってもらう力はあまりありません。

「提案」こそがお客さまの心情を満たす効果を導くことができるカギとなります。

効果的な提案のコツは二つ。

①相手の気持ちを先取りする

②担当者のひと手間がある

この2点のキーワードを満たす提案をすることで、お客さまに担当者の熱意を伝えられます。

まず、お客さまから求められる前に、積極的に提案を差し出すということ。お客さまの小さな希望を先取りすることが重要なポイントです。

ひと工夫、ひと仕事をしたり ひと知恵絞った 「汗かき提案」を

希望を先取りした提案は**担当者がひと仕事をしたり、知恵を絞ったことが感じられる「ひと汗をかいた提案」**であることが効果的です。担当者のひと汗、ひと工夫がお客さまの心を動かします。

例えば、「××にこちらから、一本お電話を入れておきましょうか」「ご家族に私から説明しましょうか」というようなことです。

以上の二つのポイントを踏まえ、お客さまの心に響く提案を差し出しましょう。担当者が自分から苦労を買って対応する姿勢に、お客さまには引き下がる気持ちが芽生えます。

「汗かき提案」の例

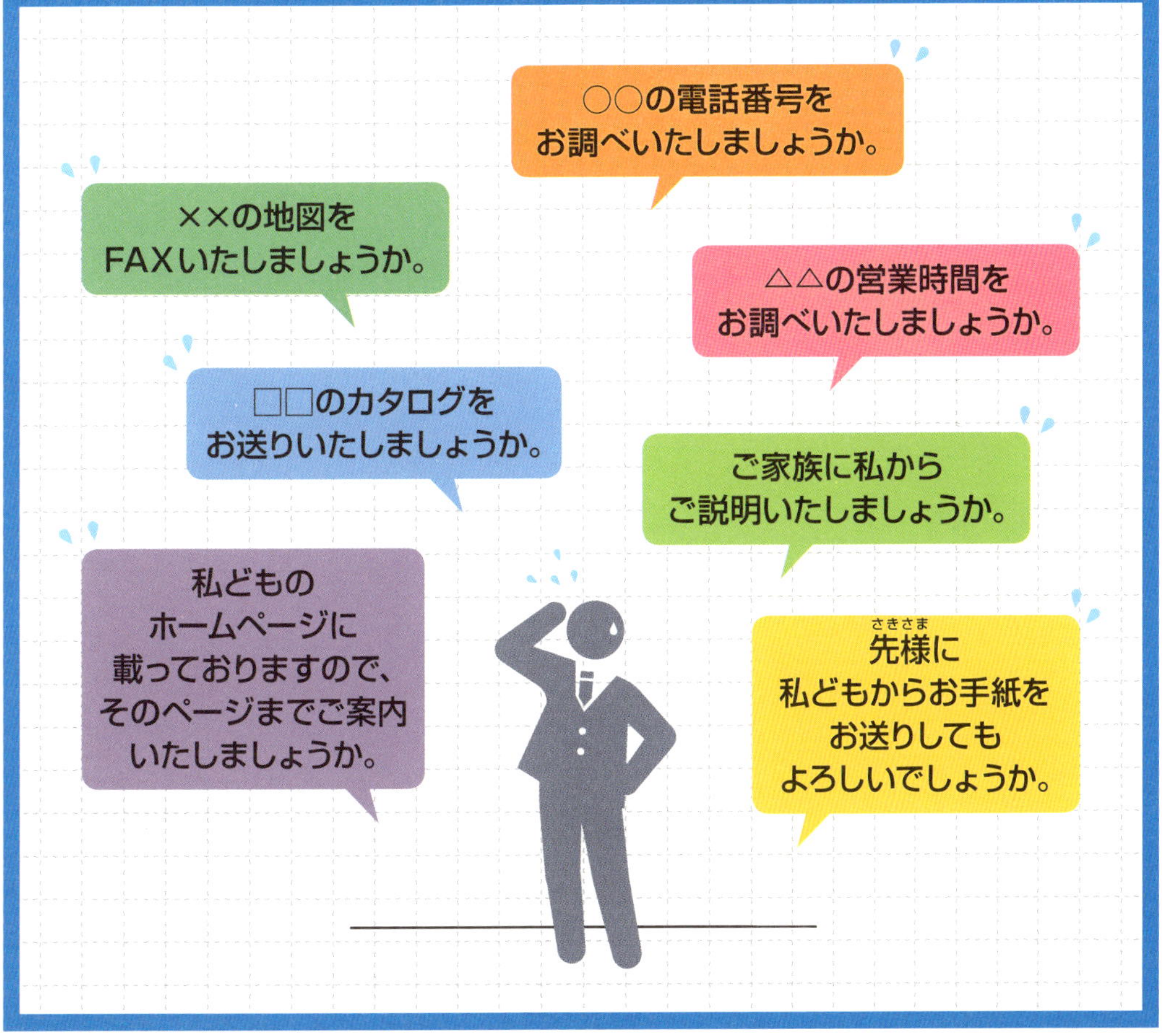
○○の電話番号をお調べいたしましょうか。
××の地図をFAXいたしましょうか。
△△の営業時間をお調べいたしましょうか。
□□のカタログをお送りいたしましょうか。
ご家族に私からご説明いたしましょうか。
私どものホームページに載っておりますので、そのページまでご案内いたしましょうか。
先様《さきさま》に私どもからお手紙をお送りしてもよろしいでしょうか。

POINT

お客さまの気持ちがしずまるポイントは「先取り」で「汗をかいた」提案をすること。

クレーム対応のStep7

クロージングの落とし穴に気をつける

お客さまが「ありがとう」と言いたくなるのは、クロージングの三段論法の効果によってです。クレーム対応の成功が実感できる瞬間です。

心に響くクロージングで達成感が高まり今後の自信につながる

担当者から「コンパクトな説明」の後に「ひと汗をかいた提案」を先取りで差し出せば、お客さまは「あきらめるしかないなあ」という気持ちになります。そこで安心せず、最後は「クロージングの三段論法」を使って終結します。

クレーム対応の最後に、お客さまから「わかりました。それで良いです。今度は気をつけてね」とあたたかい言葉を言ってもらうためには、それなりの工夫が必要です。さらに「ありがとう」の言葉まで引き出すことができれば、この**クレーム対応に達成感を感じることができ、今後の自信につながります。**

クロージングの三段論法の例

導入トーク
このたびはご連絡をいただき本当にありがとうございました。

称賛トーク
このたびのご指摘は、私にとって大変勉強になりました。

マナートーク
今後もお気づきのことがございましたら、ご連絡をくださいませ。
本日は私○○が承りました。失礼いたします。

導入トーク
ご安心いただきありがとうございます。

称賛トーク
私の気持ちも軽くしていただきましたこと、感謝の気持ちでいっぱいです。

マナートーク
また何かご不安なことがございましたら、ご遠慮なくご連絡くださいませ。
本日は私○○が承りました。失礼いたします。

クロージングでお詫びの言葉は言わない

クロージングは上の図のように、**三つのフレーズで1セット**と考えます。

注意しなければいけないのは、ポロリとお詫びの言葉を言ってしまうこと。せっかく怒るのをやめようと思っていたお客さまも、お詫びを言われれば、もう一度不満を言いたくなります。

また、最後のお詫びはお客さまの印象に強く残ります。改めて企業が全面的に非を認めたという印象を高めてしまうので好ましくはありません。

自分の自信作りのためには、クロージングのルールを守ることをおすすめします。

POINT
クロージングでお詫びは絶対に言わないこと。
心に響くクロージングを守って自信をつける。

CHAPTER 2

上手くいくクレーム対応の法則 **クレーム終結までの7つのステップ**

Points for Complaints

1 6秒間の名乗りは、好感発声「『ミ』の音階」で「抑揚をつけて」「滑舌良く」。

2 最初のあいさつは「お礼」＆「お詫び」＆「問いかけ」の三段論法で。

3 共感・慰労・称賛のあいづちで心のかけ橋をかける。

4 お客さまからの質問には質問で返して本当の事情や心情を探る。

5 数字入りの問いかけトークで話し役に回る。

6 上げた拳を下ろさせるためには、「先取り」と「汗かき」提案。

7 最後のあいさつは「導入トーク」「称賛トーク」「マナートーク」の三段論法で。

CHAPTER 3

クレーム対応にすぐに使える

エキスパートのテクニック

クレーム対応の初心者から上級者まで必ず使える、
お詫びやお礼などのお役立ちテクニックを紹介します。
CHAPTER2の7Stepと併せて使って、
難しいクレームにも対処できる、
一歩進んだ対応を目指しましょう。

やんわりと拒否を伝える言葉をたくさん持っておく

クレーム対応では、お客さまが求めることを拒否しなければならないことがあります。そんなときには信念を持ちつつ、柔らかく断り続けるテクニックが必要です。

要望をかなえられないときはあきらめてもらうために根気良く断り続ける

お客さまの希望や要望をかなえられない場合、「あきらめていただく」ことも、クレーム対応の重要な着地点。

ただし、お客さまが主張することをあきらめて引き下がるという決断に至るには時間がかかります。「あきらめること」には長い時間がつきものなのです。だから、**根気良く時間をかけて断り続けるのが担当者の務めです。**

このときやってはいけないことは、企業の事情を説明しすぎたり、企業は悪くないのに深く謝ってしまうこと。相手にとってはあきらめるどころか、ヒートアップするきっかけになります。

やんわり拒否ワードでお客さまの決断にかかる時間につき合いきる

お客さまにあきらめてもらうまでの長い時間、意志を強く持ち、根気良く断り続けるためには、担当者はたくさんのお断りのフレーズを柔らかい言葉で言わなければなりません。下の図にまとめたたくさんの「やんわり拒否ワード」をあいづちに使えるようにしましょう。

「やんわり拒否ワード」は、いろいろな言葉がありますが、どのフレーズも「できない」「やらない」という意味を持っています。

⑱⑲⑳は、理不尽なお客さまだと判断してお別れを告げるときに使う言葉なので、使い方は慎重にしましょう。

やんわり拒否ワード一覧

①それは、いたしかねます…
②それは、できかねます…
③心苦しいのですが…
④お恥ずかしいことで…
⑤難しいお話でして…
⑥つくづく力不足だと…
⑦何ともお応えできる言葉がございませんで…
⑧今以上の言葉が見つかりませんで…
⑨私どもではかなわないお話でございまして…
⑩これまでに実ったことがないお話でして…
⑪ご期待どおりのお返事ではなくて…
⑫私の一存では…
⑬自分としても辛いのですが…
⑭歯がゆい思いですが…
⑮これ以降は何とも…
⑯安易なお約束は…
⑰さらにご信頼を裏切ることはできませんので…
⑱これ以降はご厚意に頼らざるを得ません…
⑲お客さまのお気持ちにお任せすることしか…
⑳このお返事以外の術がございませんので…

POINT
お客さまの話を拒否するときには、意志は強く、言葉は柔らかくが鉄則。

「お詫び」「お礼」「お願い」の言い換えを意識する

クレーム対応で「お詫び」「お礼」「お願い」の言葉を言うことは、大切な要素です。ただし、使い方を間違えるとお客さまを苛立たせてしまうので、注意が必要です。

安易な「お詫び」「お礼」「お願い」の言葉は自分と相手との距離を広げる

「申し訳ございません」
「ありがとうございます」
「お願いいたします」

お詫び、お礼、お願いの言葉を頻繁に言ってしまうという担当者は多いのではないでしょうか。

この三つの言葉、使いすぎると好ましい結果にはなりません。その安易な使い方に対して相手は苛立ち、高圧的な態度で理不尽なことを言いはじめるきっかけとなる取り扱い注意ワードなのです。

自分と相手との上下関係を強めてしまうこれらの言葉は、距離を縮めて良い人間関係を築く会話という目的と逆の効果を発揮してしまいます。

「お詫び」「お礼」「お願い」の言い換え

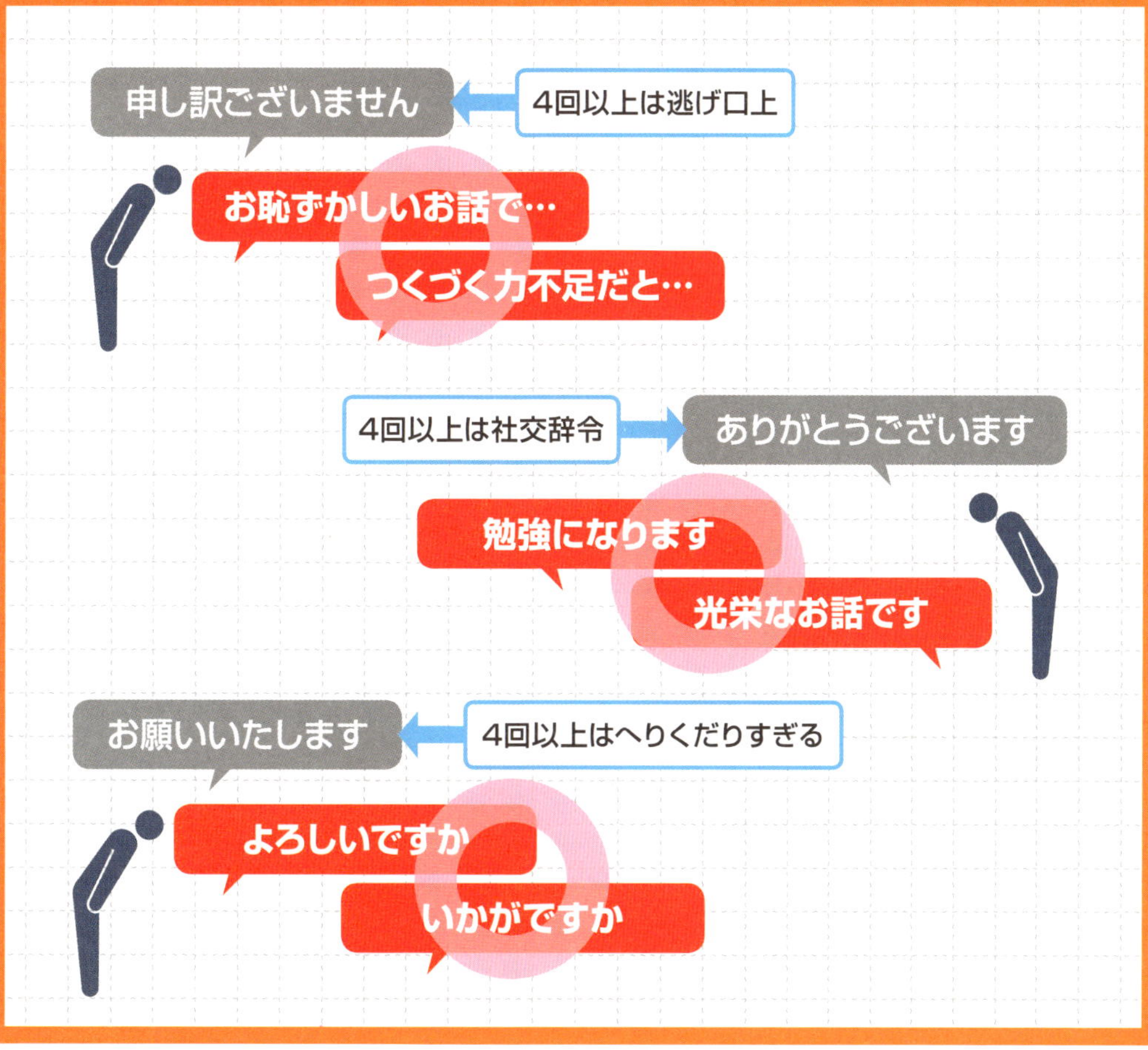

三つの言葉を 心が伝わる言葉に言い換えて 良い関係を築くきっかけ作りに

クレーム対応において、「申し訳ございません」「ありがとうございます」は1回の対応時に3回までが限度です。4回以上は逃げ口上や社交辞令と理解されてしまいます。

「お願いいたします」も3回までが限度。4回以上はNGです。意味なく迎合する言葉を使うのは好ましくありません。

お客さまに迎合するのではなく、お客さまと心が通じ合う言葉を選びましょう。

お詫び、お礼、お願いの三つの言葉を上の図にまとめたように臨《りん》機《き》応《おう》変《へん》に言い換えて使うことが大切です。

POINT

「ありがとうございます」「申し訳ございません」「お願いいたします」を心が伝わる言葉で。

原因がわからない時点でのお詫びの言葉の伝え方

お詫びは、お客さまに納得してもらうための重要な言葉ですが、伝え方次第ではお客さまを傲慢《ごうまん》にさせてしまい、事態をさらに悪化させてしまいます。

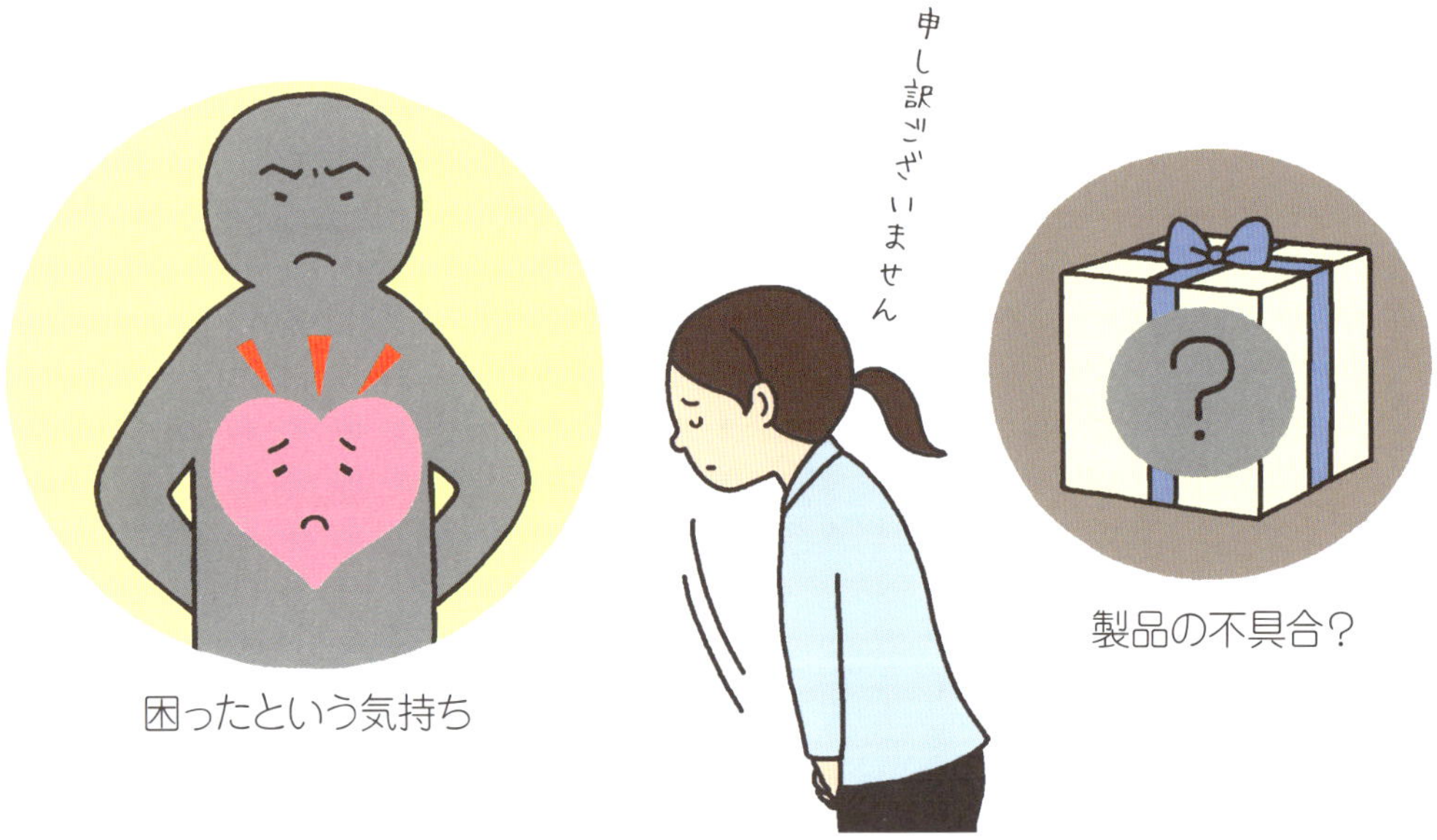

現品・現場・現象の確認ができていない時点では安易な謝罪はNG

クレームを訴《うった》えてくるお客さまは、とりあえずお詫びの言葉を求めて連絡してきています。

しかし、クレームの連絡が入った時点では、いつどのようにして発生した不具合なのか、原因は何なのかという確認はできていません。場合によってはお客さまの勘違いというケースもあるこの時点では、安易に謝罪を述べるのは避けるべきです。

例えば、「製品が壊れてしまっているようで申し訳ございません」と、**製品や契約の事例を掲げてお詫びすることは、その事例を発生させた企業側の非を安易に認めることになってしまいます。**

誰のせいか、何が原因かわからない時点では「困っている気持ち」にお詫びする

企業側の非を認めずに、お詫びをするにはどうすれば良いのでしょうか。すでに述べたように「申し訳ございません」を軽々しく繰り返すのは論外。**お客さまの「困っている気持ち」に対してお詫びをする**のが正解です。

謝罪の対象を「お客さまのお困りの気持ち」にすることで、責任の所在を明確にすることなくお客さまの心に響くお詫びにすることができます。

今はまだその不具合が誰のせいかわからない。しかし、いずれにしても「嫌な思い」をさせるきっかけになってしまった。そのことに対してお詫びをするわけです。

原因がわからない時点での良いお詫びと悪いお詫び

GOOD
このたびはお買い上げいただきありがとうございます。それにもかかわらず、ご期待を損なっているようで申し訳ございません。
今は誰のせいかわからないが、「嫌な思い」をさせるきっかけになってしまったことに対してお詫びをする。
BAD
製品が壊れてしまっているようで申し訳ございません。
企業側の非を認めてお詫びすることになる。そのためにますますお客さまを傲慢にさせてしまう。

POINT

事例を掲げてお詫びすれば非を認めることに。

お客さまの困ったという気持ちにお詫びを。

お礼とお詫びの言葉でお客さまとの距離を縮める

お詫びの言葉は、「申し訳ございません」だけではありません。それぞれのお客さまの心情にマッチした、心に響く言葉を使うことが大切です。

お困りの気持ちにマッチした心に響く言葉がお客さまとの距離を縮める

お客さまがとりあえず求めているのはお詫びの言葉であることは、前項でも触れました。その気持ちに応え、さらに相手との距離を縮めるテクニックがあります。

それは、**お客さまの事情、心情にマッチしたお詫びの言葉を選んで使う**ということ。

例えば、「買った商品の動きが悪い」といったクレームに対しては、「ご不便をおかけして申し訳ありません」。また、「詳しい説明がなかった」といったクレームに対しては、「説明が行き届いておりませんでしたようで、申し訳ございません」とお詫びの言葉を言います。

お困りの事情にマッチしたお詫びの言葉

お客さまの事情	事情にマッチしたお詫びの言葉
製品が壊れていて使えない	ご不便をおかけしておりまして申し訳ございません ご不自由をおかけしておりまして申し訳ございません
詳しい説明がなくてわからなかった	説明が及んでおりませんでしたようで申し訳ございません 説明が行き届いておりませんでしたようで申し訳ございません
失礼な対応に不愉快な思いをした	対応に配慮が欠けておりましたようで申し訳ございません 対応に心づかいが欠けておりましたようで申し訳ございません

お礼の言葉とセットで伝えることでさらに心に響くお詫びに

お詫びを言うときには、お詫びの言葉の前にお礼の言葉をつけると良いでしょう。

例えば、お客さまの話の中に「いつもおたくの会社の製品を使っているのに……」とあったら、「いつも私どもの製品をお使いいただきありがとうございます」とお礼を言ってから、「それにもかかわらず、ご期待を損なっておりますようで申し訳ございません」とお詫びの言葉を言います。「それにもかかわらず」を接続に使うと言いやすくなります。

心に響くお詫びの言葉を何にするかのヒントは、相手の話の中に。聞き逃さないようにしましょう。

POINT
相手の事情にマッチしたお詫びの言葉をお礼の言葉とセットにして言いましょう。

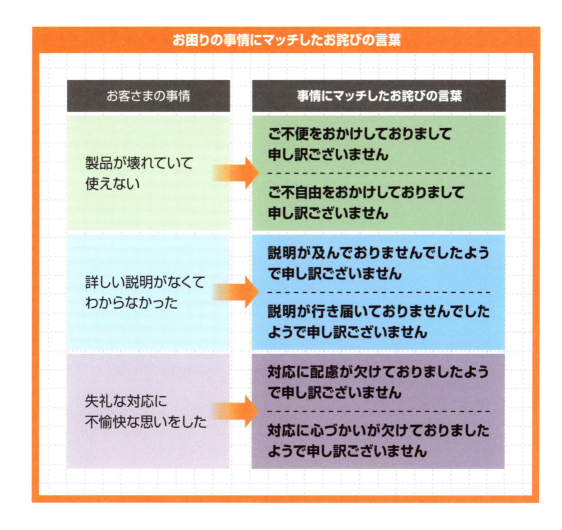

人間関係を良好にする 効果的なお礼の言葉の伝え方

クレーム対応の中で相手との距離を縮める際に、お詫びの言葉と並んで重要なのがお礼の言葉。好感度をアップして解決につながるお礼の言葉を使いましょう。

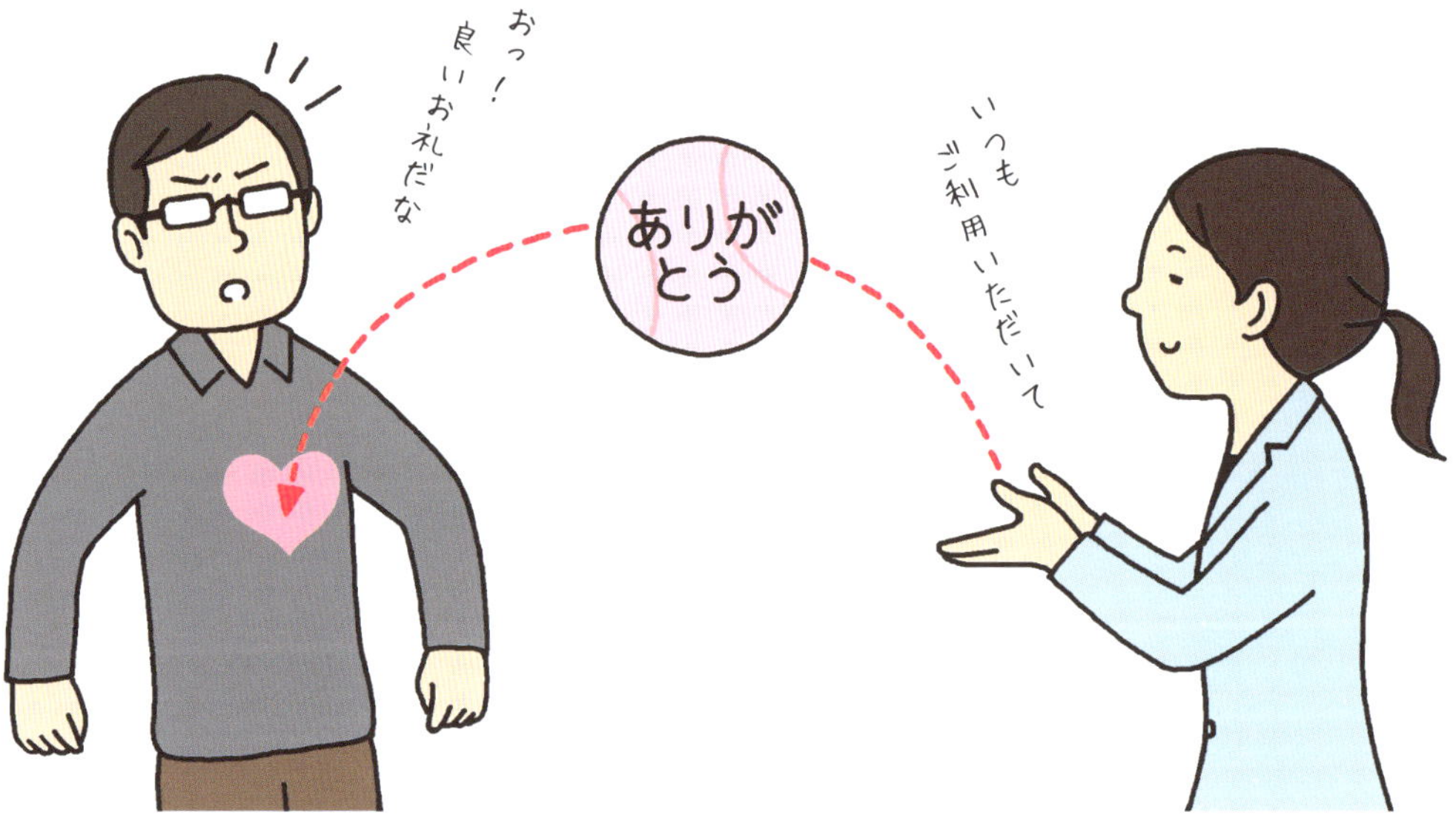

お客さまの話から状況や気持ちを察知しふさわしい言葉をつけ加える

お礼の言葉といえば「ありがとうございます」ですが、ただ機械的に言うだけではクレーム対応の場合プラスにはなりません。

お詫びの言葉と同じように、**お客さまの話の中からポイントを捉えてお客さまの心に響くお礼の言葉を言う**ことができれば、お互いの距離を縮めることができるチャンスとなります。

例えば、「いつもあなたの会社の製品を使っていたのに、こんなことなら他社の製品にすれば良かった」というお客さまには、「長年、私どもの製品をご愛顧いただき、ありがとうございます」といったお礼を言います。

効果的なお礼の言葉で好感度を上げて解決の土台を作る

お礼には、臨機応変な言葉が求められます。例えば、「良い商品だと思って友人にもすすめたのに」とお客さまに言われたら、「お友達の方にも商品をおすすめいただき、ありがとうございます」。「子どもが好きなので注文したのに」と言われたら、「お子さまのためにとお選びいただき、ありがとうございます」と言います。

「ありがとうございます」の前に、事情を理解しているということを伝えることで、好感度が上がります。**「この担当者はわかってくれてる」「気が合う」といった人間関係作りをする**ためのお礼の言葉です。

心の距離を縮めるお礼の言葉

お客さまの言葉	事情にマッチしたお礼の言葉
あなたの会社の商品だから買ったのに	**ご信頼いただきありがとうございます** **ご期待いただきありがとうございます**
いつも気に入って使っていたんだけど	**長年のご愛顧ありがとうございます** **日頃のご利用ありがとうございます** **いつもご使用いただいておりましてありがとうございます**
みんなで話し合って決めて選びました	**たくさんの方とご検討いただきありがとうございます** **たくさんの方のご好意でお選びいただきありがとうございます**

POINT

事情を察して、心に響く言葉でお礼を。

効果的なお礼で心の距離を縮めましょう。

事例に対応するのではなく事情に対応することが大切

多くの企業では、クレーム事例によって基本的な対応方法が決まっています。かたくなにそれに縛られないことが大切。できる範囲でできることを絞り出しましょう。

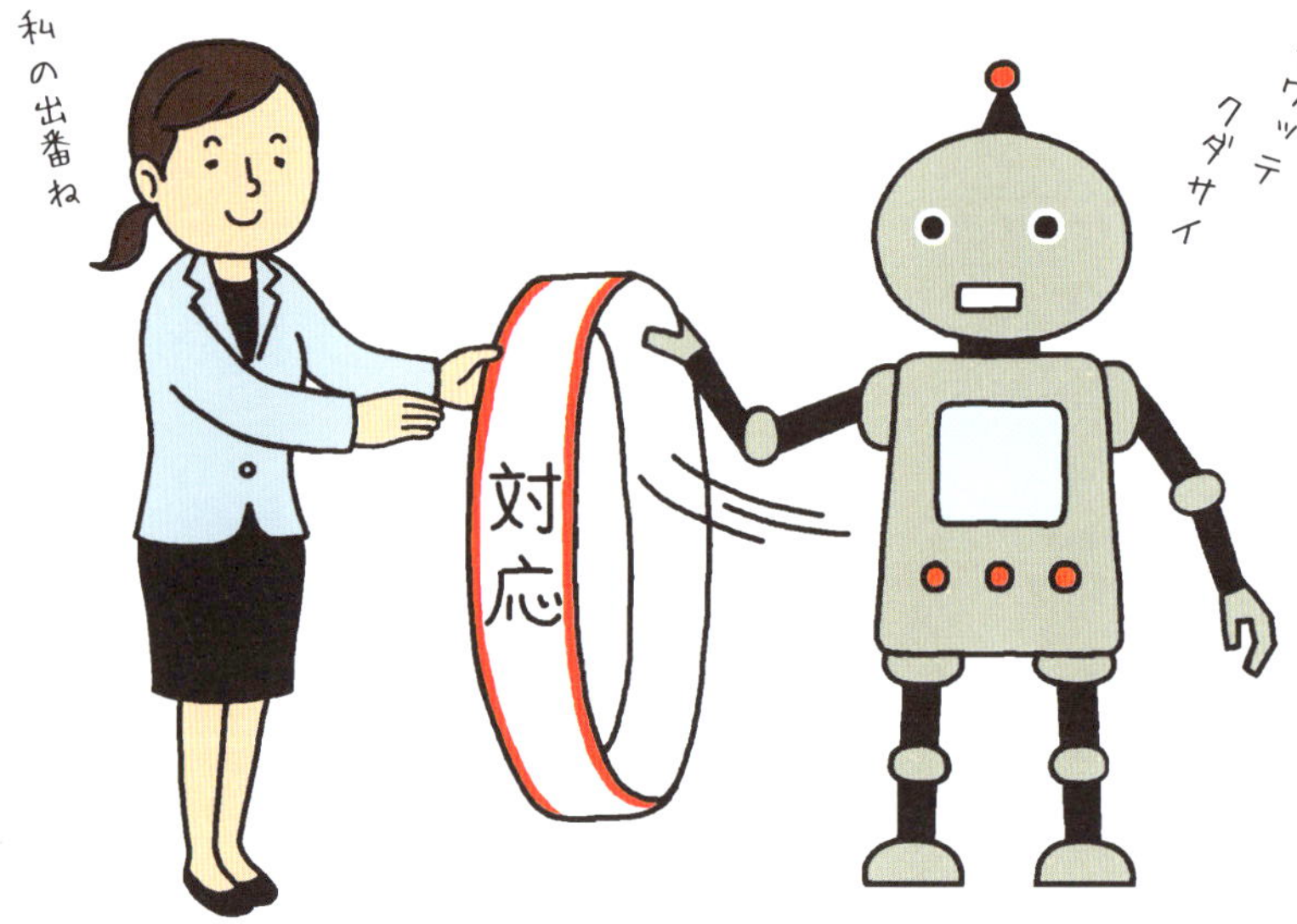

事例は同じでもなぜ困っているかはそれぞれのお客さまで違う

「会社で決められているクレーム対応法があるから、お客さまの事情に寄り添えない……」

　ほとんどの企業では、クレーム事例ごとに基本的な対応が決められており、同じ事例なら同じ対応をするのが基本です。

　しかし、実際には同じ事例なのにとても怒っている人と、そうでない人がいます。**事例は同じでも、その事例になぜ困っているかの事情は、お客さまそれぞれで違います。**ただ生真面目《きまじめ》に決められた基本ルールやこれまでの対応に縛られて、かたくなな対応をすることは、けっして良い結果を生みません。

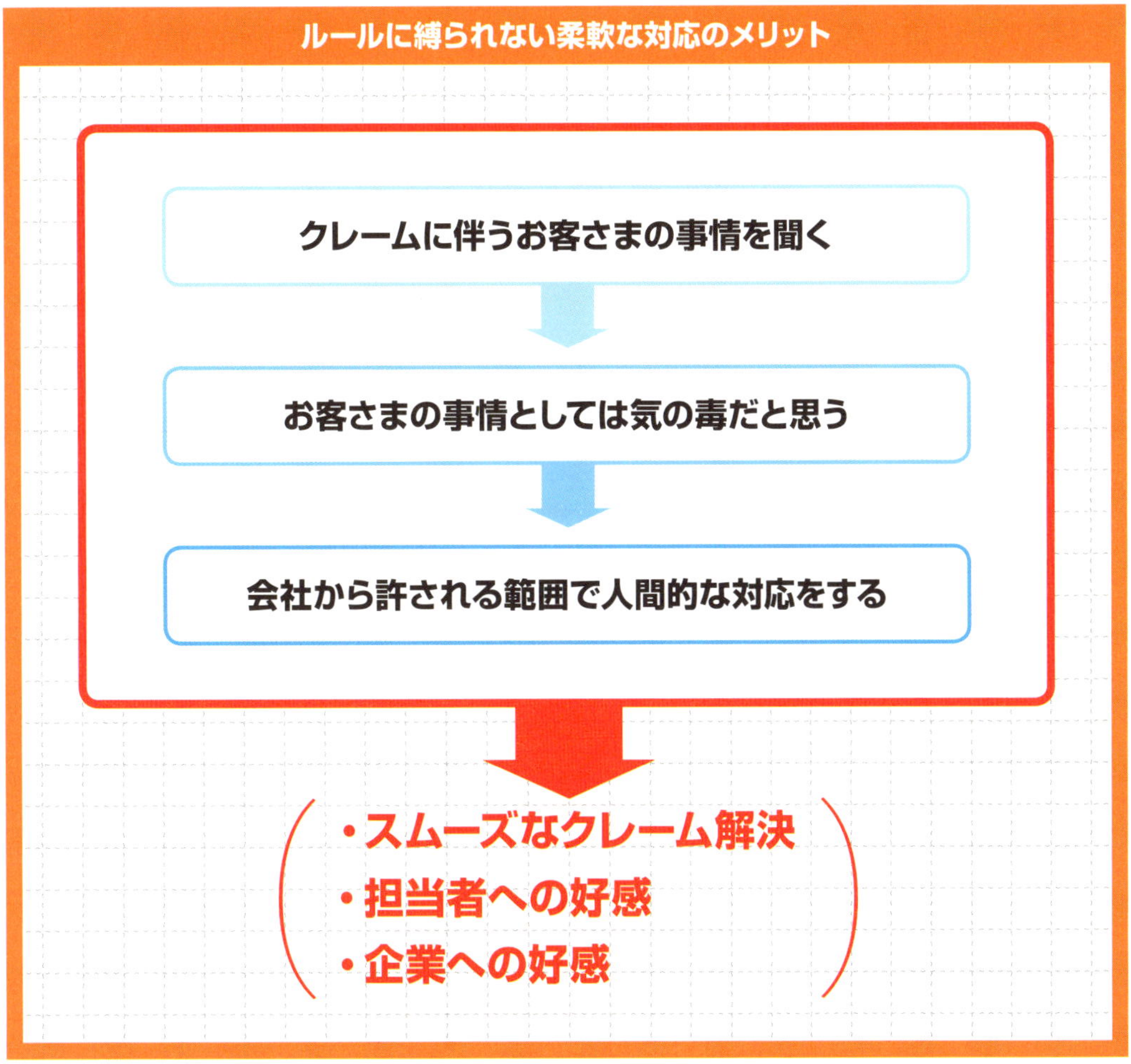
ルールに縛られない柔軟な対応のメリット
クレームに伴うお客さまの事情を聞く
お客さまの事情としては気の毒だと思う
会社から許される範囲で人間的な対応をする
・スムーズなクレーム解決
・担当者への好感
・企業への好感

事情や心情を察し できる手助けや アドバイスをする

お客さまのクレームの背景にある事情や心情は様々ですから、同じ事例だからどのお客さまにも同じ対応をしなければならないということにこだわらず、事情ごとに担当者ができる手助けやアドバイスを絞り出すことが必要です。これがお客さまの心情に寄り添った態度を示すことにもなります。

そうした**人間的な対応によって、お客さまは怒りをしずめ、担当者に好感を持ちます。**

もちろん、その対応は企業のルールを逸脱《いつだつ》していないことが条件です。お客さまの希望をそのまま受け入れるということではありません。

POINT

事例ごとのルールに縛られすぎないこと。

何か自分に手伝えることはないかを考える。

CHAPTER 3

クレーム対応にすぐに使える **エキスパートのテクニック**

Points for Complaints

1 あきらめてもらうときには、
やんわりとした拒否ワードを使う。

2 「お詫び」「お礼」「お願い」の
言葉は場面によって言い換える。

3 製品や契約の事例を復唱して
お詫びするのはNG。

4 お詫びの言葉は「困っている
気持ち」に対して。

5 効果的なお詫びの言葉の
ヒントは相手の話の中にある。

6 心に響くお礼の言葉で、
終結に向けた人間関係を作る。

7 ルールどおりの対応に縛られすぎず、
人間的な対応を考える。

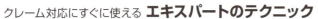

CHAPTER 4

進化するクレームに対処する

クレーム対応の最新ルール

日々複雑さを増していくクレーム事情。
かつて学んだクレーム対応のセオリーの中には、
現代のクレームには不適当なものも多々あります。
はじめてクレーム対応を学ぶ人はもちろん、
ベテランにも知ってもらいたい最新ルールを解説します。

こんなクレーム対応はコンプライアンス違反

お客さま思いが高じて、知らないうちにやってしまっていたあんなことやこんなことだって実は企業にとってはコンプライアンス違反だったということも。

お客さまの無理な要望に応えると会社に迷惑をかけコンプライアンス違反につながる

クレーム対応の中でも、企業のコンプライアンス（企業の法令遵守）について知っておかないと、意外なことが企業のコンプライアンス違反となることがあります。**かつてはクレーム対応時に当たり前のように行われていた対応でも、今日ではNGということも。**

会社に迷惑をかけないために担当者が気をつけなければいけない代表的なものは次の二つです。

①業務時間外の対応

お客さまの要望とはいえ、会社の許可を得ずに会社からは許されていない時間にクレーム対応の訪問をしてしまうことは、会社から注意を受けることになります。

無理を言うお客さまへの対応は企業のコンプライアンスを意識して判断する

② 過剰サービス

親身な対応を強調したいあまり、担当者の勝手な判断でお客さまに補償しすぎるケース。例えば、ケーキの不良の苦情には交換のケーキ1個と商品クーポンを渡すのが全社的に決まっている対応なのに、相手の怒りをしずめたいがためにケーキ5個と商品クーポンを渡してしまうことは、会社の物を担当者が勝手に持ち出したともいえます。

他にも、下の表にあるような行為が企業のコンプライアンス違反だと世間から言われる可能性があります。担当者の対応で会社に迷惑をかけないようにしましょう。

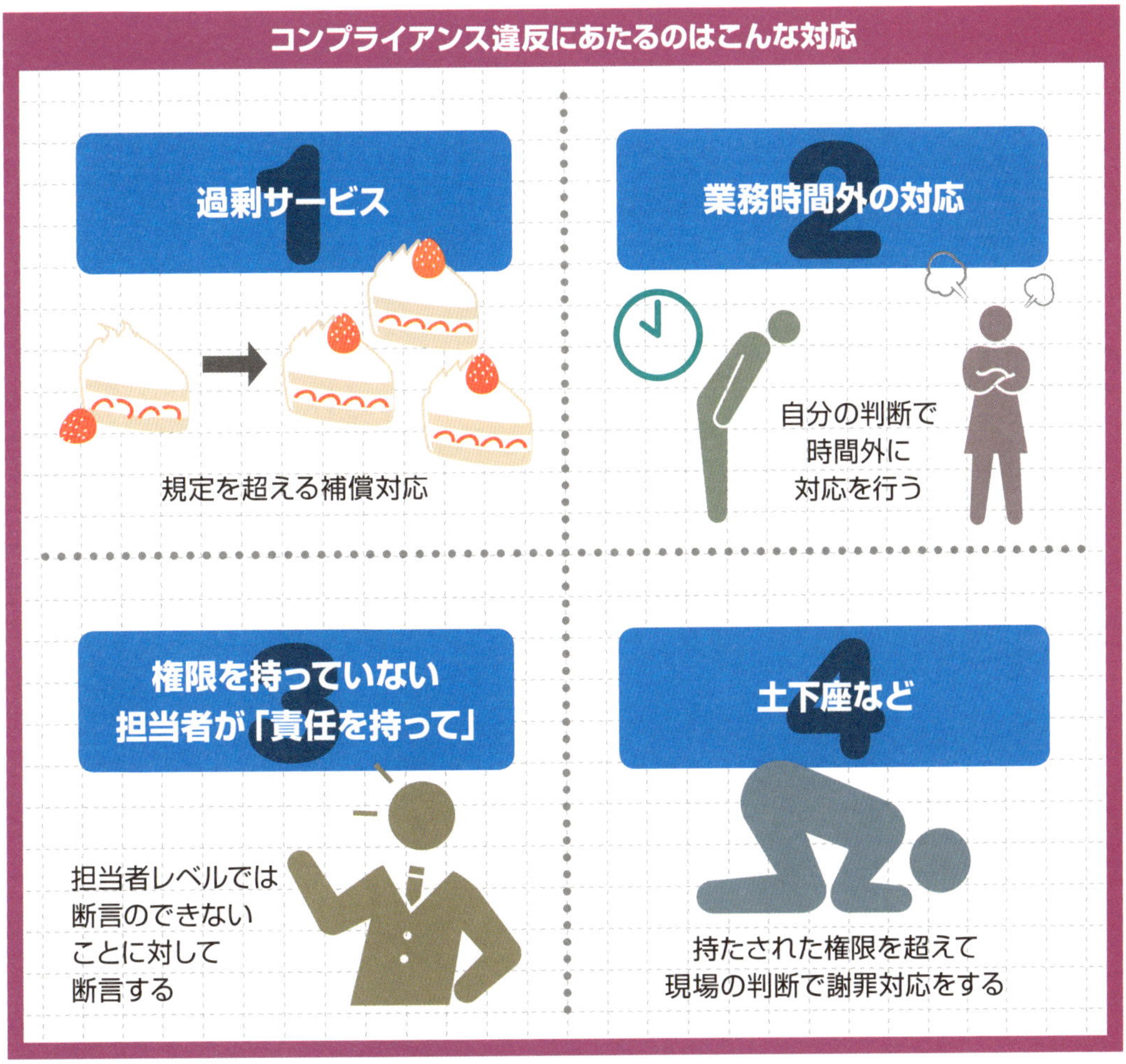
コンプライアンス違反にあたるのはこんな対応
1 過剰サービス
規定を超える補償対応
2 業務時間外の対応
自分の判断で
時間外に
対応を行う
3 権限を持っていない
担当者が「責任を持って」
担当者レベルでは
断言のできない
ことに対して
断言する
4 土下座など
持たされた権限を超えて
現場の判断で謝罪対応をする

POINT
ついやっていた過剰サービスや現場判断。
無理の聞きすぎは会社に迷惑をかけることに。

CHAPTER 4

LESSON 22

「迅速に結論を」「毅然とした態度で」「責任を持って」は勘違いルール

クレーム対応に必要な姿勢といわれる「迅速に結論を」「毅然とした態度で」「責任を持って」。考え方をアップデートしないと、間違った対応をしてしまうことに。

此度の件、それがしにおまかせくだされ
ふ、古い…

クレームは進化している。10年前に教わったセオリーは更新しないと失敗の元に

例えば、10年前に一度だけクレーム対応の講習を受けたきりという担当者の方は、こんな風に教わったかもしれません。

「結論は迅速に出す」
「毅然とした態度で」
「責任を持って対応する」

現代ではこの言葉のままやってはいけない、いまだ多くの人が勘違いして理解しているクレーム対応の代表的なセオリーです。

これらは昔からクレーム対応の姿勢として挙げられてきた項目ですが、**クレーム事例が複雑に進化している現在では、この言葉どおりに実直にやってしまうことは好ましくありません。**

かつてのセオリーを現代流にすると

OLD 結論は迅速に出す ← 少ない情報や短い時間で結論を出すのは危険

NEW **事実調査は迅速に、結論は急がずに**

OLD 毅然とした態度で ← 高圧的で一方的な伝え方はNG

NEW **対応は毅然と態度は柔和《にゅうわ》に**

OLD 責任を持って対応する ← 一担当者が責任を持つことなど不可能

NEW **『責任を持つ』はNGワード**

「迅速」「毅然」「責任」を現代流に理解して活用する

58ページのセオリーを現代流にすると、

「急いだ結論は失敗する」
「対応は毅然と態度は柔和に」
「『責任を持つ』はNGワード」

「迅速」をアップデートするなら、「事実調査は迅速に、結論は急がずに」。

また、「毅然」という言葉に影響されることなく、お断りも一方的で事務的な伝え方にならないように工夫しなければいけません。

さらに、現代では、一担当者が責任を持つことなど不可能です。

それでは具体的にどうすれば良いのか、次のページから一つずつ見ていきましょう。

POINT
現代のクレームは複雑に進化している。
かつてのセオリーはアップデートが必要。

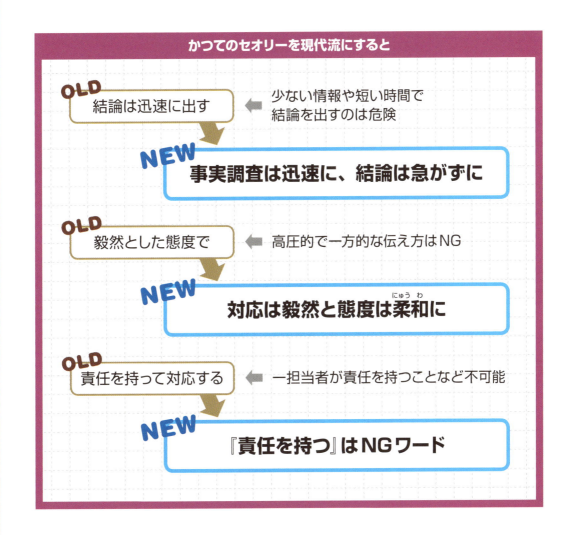

「迅速に結論を出す」より「正確に結論を出す」

お客さまのクレームに対して、「結論を迅速に出す」のが解決の近道ではありません。
正確な結論は急いで出せるものではないからです。

急いで出した結論は説得力に欠け相手を苛立たせる

「クレーム対応の結論は迅速に!」というのが、昔からいわれてきたルールです。お客さまから「急いで返事をください!」と要求されることもあります。

しかし、そうした言葉に急《せ》きたてられて結論を出そうとするのは失敗の元。なぜなら、そんな状態でお客さまに提示した結論は説得力に欠け、相手を余計に苛立たせてしまうからです。

結論は、迅速に伝えることが重要なのではありません。しっかりとした根拠から導かれているかが重要なのです。推測やその場しのぎの結論では、お客さまに納得してもらうことはできません。

説得できる結論を出すために、まず必要な時間をもらうこと

しっかりとした根拠から導かれた結論を出すには、まずは事実の究明と原因所在の確定が必要です。その結果、自社に問題があるようなら、その事例への対応方法と、約束できる再発防止策をじっくり考えなければいけません。

つまり、クレーム対応において**迅速にすべきことは、そうした「調査や検討」であり、「結論を出すこと」ではないのです。**

お客さまから「早く返事を！」と要求された場合でも、今後の対応の手順を伝えるとともに、「そのために必要なお時間はいただきたい」と、しっかり話すようにしましょう。

お客さまに急かされた場合の対応

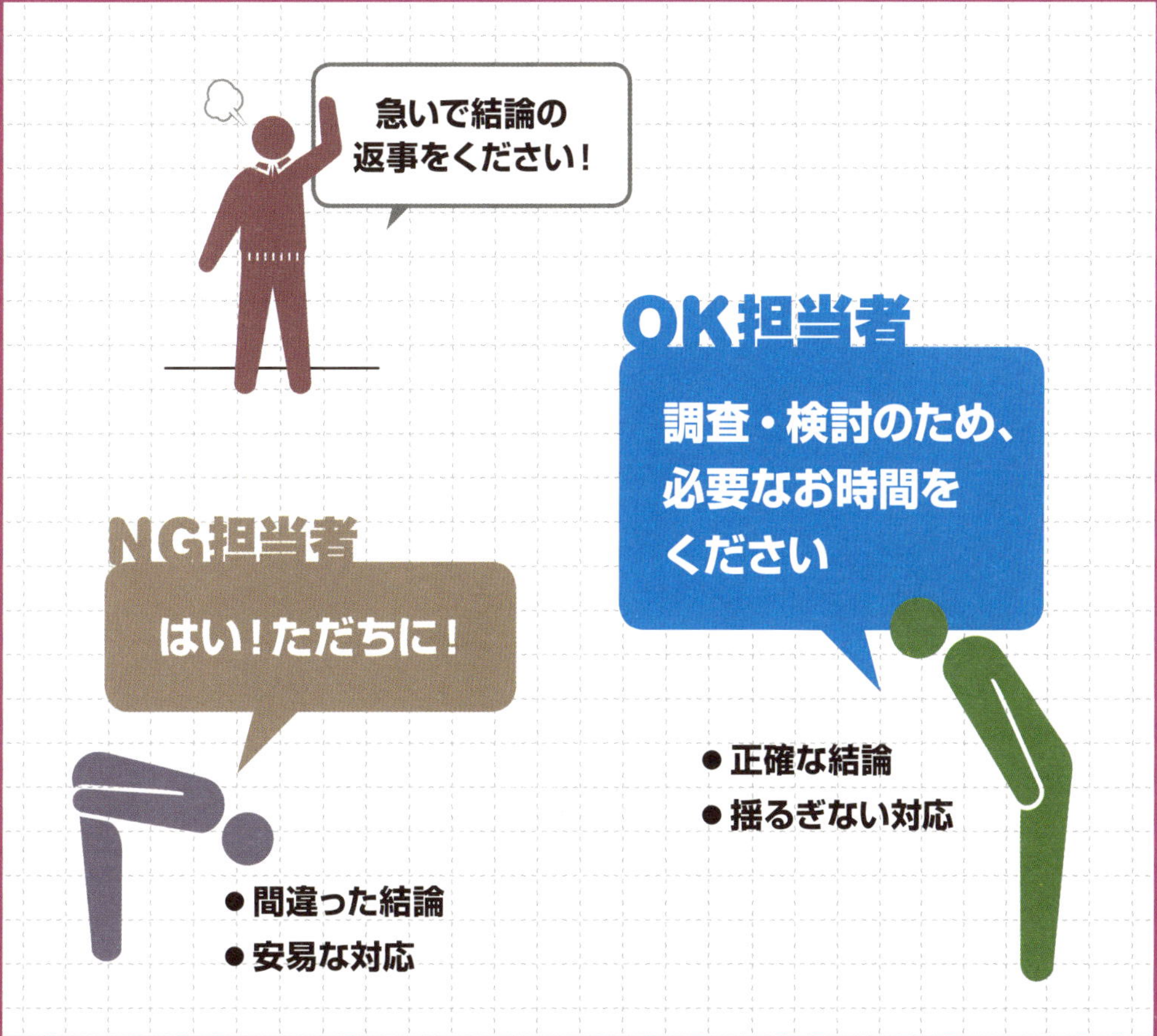

急いで結論の返事をください！
OK担当者
調査・検討のため、必要なお時間をください
●正確な結論
●揺るぎない対応
NG担当者
はい！ただちに！
●間違った結論
●安易な対応

POINT
迅速に行うべきなのは「調査や検討」。
正しい結論を出すために快く時間をもらう。

「毅然とした態度」を「冷たい態度」にしないために

クレーム対応では「毅然とした態度」も必要。しかし、「毅然」という言葉をイメージだけで捉えてしまうのはNG。正しい「毅然とした態度」とは？

毅然？
失礼？
それは無理です！
もっと言い方があるだろう

冷たい言い方や紋《もん》切《き》り型《がた》の話し方は毅然とした態度ではない

【毅然】意志が強くしっかりしていて、物事に動じない様子

辞書の上ではこれが「毅然」の意味するところです。

クレーム対応では、お客さまから無理難題を言われたときには、毅然とした態度が必要だといわれています。そして、多くの人がそれを、冷たい言い方をしたり、紋切り型の話し方をしたり、淡々と話すことだと解釈してやってしまいがちです。

しかし、これはお客さまを余計に感情的にさせてしまう、やってはいけない態度。**毅然とした態度のつもりで、高圧的な態度になっていることがよくある**ものです。

「毅然とした態度」を正しく捉える

「毅然とした態度」の誤ったイメージ

「こちらもできることとできないことがありますので」

「気に入らないなら訴えたらいかがでしょうか」

- 厳しい顔をして厳しい言葉で伝える
- 相手と距離を縮めようとしない
- 相手の話にかたくなな返事をする

正しい「毅然とした態度」

「ご期待どおりのお返事ができなくて……」

「お客さまのお気持ちにおまかせいたします……」

- 柔らかい言葉で話す
- 落ち着いた声で話す
- 相手に共感しながら話す

揺るぎない結論をやんわりと伝えて根気強く対応する

「毅然」の定義に、冷たい様子や淡々とした様子は含まれていません。「毅然」とは、動じないこと、つまり揺るぎない態度ということです。

企業として「毅然とした態度」とは、**お客さまにとって不満足な結論であっても、揺るぎない結論を伝えることです。ただし、やんわりと伝えることが大切。**

相手にとって不満足な結論を伝えるわけですから和解は望めませんが、やんわりと伝えることで「あきらめていただく」ことはできるはずです。そこを着地点と考えて、根気強い対応を心がけることが「毅然とした態度」です。

POINT

「毅然とした態度」は失礼な対応ではない。
揺るぎない結論を、やんわりと伝える。

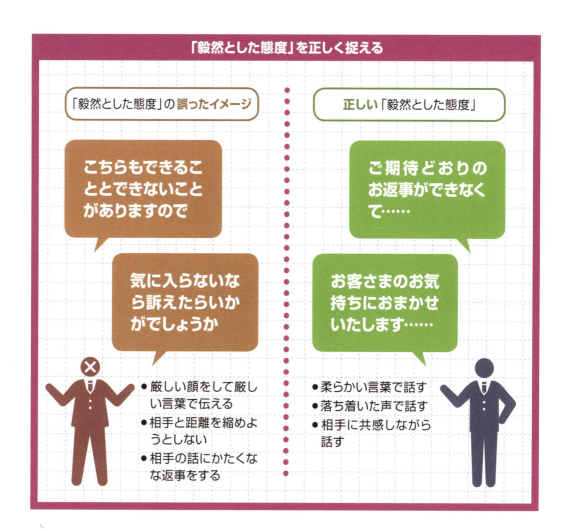

「責任」という言葉がNGワードな理由

肩書も権限もないのに「責任」という言葉を使うと、相手の厳しさが増すことがあります。多くの場合、「責任」という言葉は事態を好転させません。

「責任」という言葉にお客さまは苛立ち詰問《きつもん》したくなる

クレーム対応担当者は、お客さまに認めてもらい、引き下がってくれることを期待して、「私が責任者です」「責任を持って対応いたします」と、「責任」という言葉を安易に使ってしまいたくなります。しかし、実際には担当者の多くは、そうした責任を負うほどの肩書も、権限も持っていないのが現実。お客さまは、そのことをよく知っています。

それゆえ、お客さまは「責任」という言葉に苛立ち、**「あなたにどんな責任が取れるの？」「あなたにどんな権限があるの？」と詰問したくなるのです。**そして、たちまち返事に困ることに。

お客さまに伝える結論は担当者だけが責任を持つものではない

お客さまに認めてもらい、引き下がってもらうどころか、**お客さまとの距離を広げてしまう可能性の高い「責任」という言葉。**

たとえ会社から「あなたがお客さま対応の責任者です」と言われていたとしても、それはクレーム対応担当者の士気を高めるためのものであり、お客さま対応の全ての権限を与えてくれたわけではありません。

お客さまに伝える結論は、担当者が決めるのではなく、会社の方針に基づいて複数の人々の考えによって決めるものです。何ごともお客さまにやんわりと伝える言葉を使うことが良いでしょう。

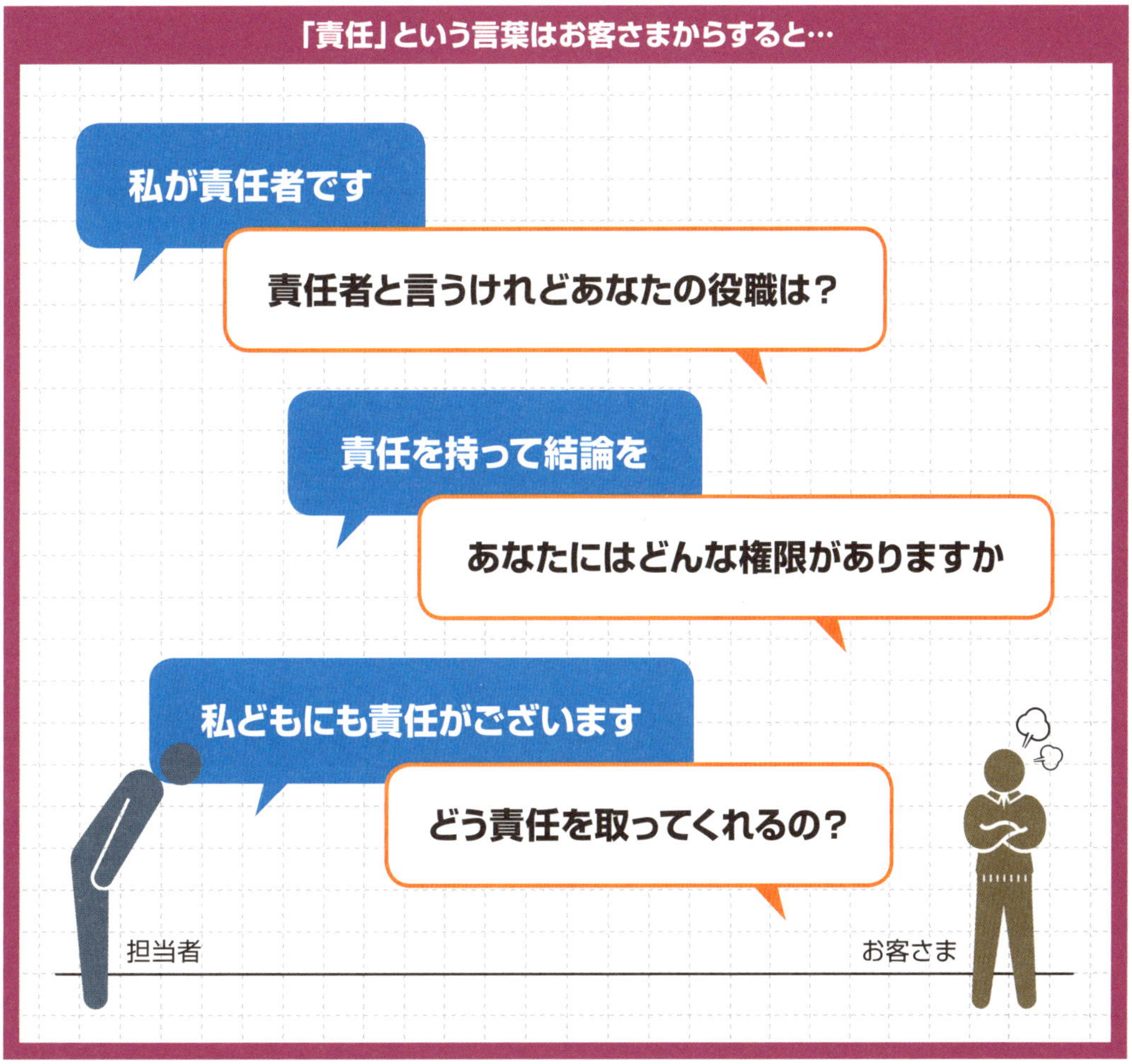
「責任」という言葉はお客さまからすると…
私が責任者です
責任者と言うけれどあなたの役職は？
責任を持って結論を
あなたにはどんな権限がありますか
私どもにも責任がございます
どう責任を取ってくれるの？
担当者
お客さま

POINT

「責任」という言葉はお客さまと担当者との距離を広げてしまうので安易に使わない。

平等な対応は「する」けど「言わない」

どんなお客さまにも平等に対応するのは、企業のクレーム対応にとって欠かせない理念ですが、それを主張することは怒りをしずめることにはなりません。

「どなたにも平等な対応」はお客さまの怒りを刺激する

クレーム対応においては、どんなお客さまに対しても平等に対応することが求められます。しかし、全ての方に同じ対応をするという企業の考えは、とても困っているお客さまにとっては受け入れられません。

お客さまは「自分が最も困っている消費者だ」という思いを持って連絡をしてきます。それなのに「どなたにも平等な対応をいたします」と言われたら、お客さまは気分を害します。お客さまひとりひとりに親身に対応している態度をアピールしたいなら、「どなたにも平等に～」というのは、NGワードです。

親身と平等の使い分け

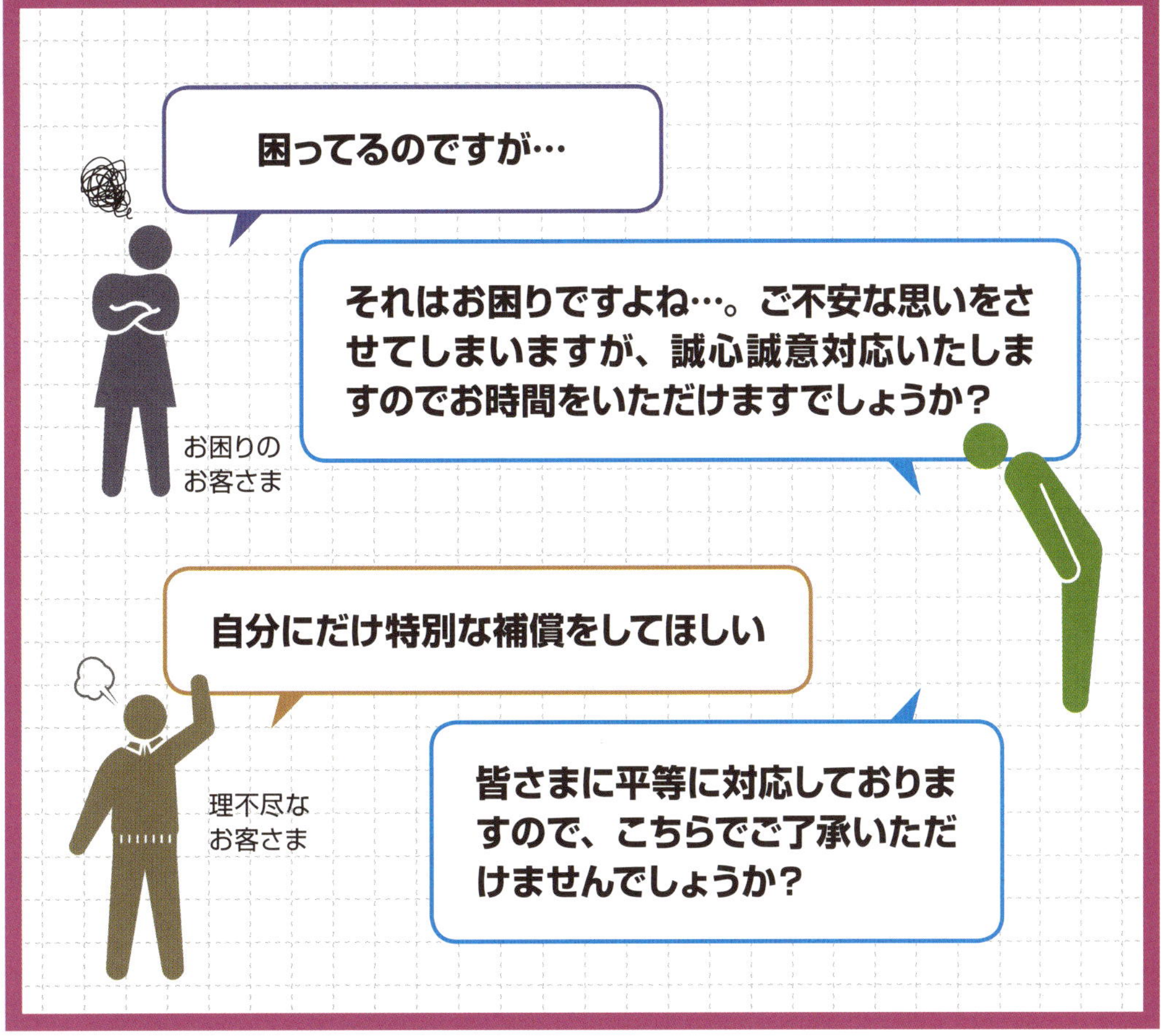

平等な対応というトークはあまりに理不尽な要求を拒否するときに使う

ほとんどの場合、「どのお客さまにも平等、公平、公正な対応をしております」と言っても、好ましい結果にはなりません。お客さまが引き下がりたくなるのは、担当者の親身な態度に対してです。平均的な対応は、事務的な対応だと感じさせてしまいます。

ただし、「どなたにも平等な対応をいたします」という言葉も、**理不尽な要求をするお客さまを引き下がらせるには、効果的な言葉です。**

親身な対応をする必要がない理不尽なお客さまだと判断した場合には、この言葉で対応を切り替えましょう。

POINT

平等な対応を主張しても説得の効果はない。

お客さまは他の人と同じ対応を求めていない。

「誠意」という言葉はお客さまを勘違いさせる

「誠意を持った対応」とは、素直に解釈すれば真心のこもった対応のことですが、お客さまには「特別な対応」と受け取られてしまう可能性があります。

「誠意を持って対応する」は「あなただけ特別な対応をします」「お金を出します」とイコール

「誠意を持って対応いたします」と、つい口にしてしまう担当者も多いのではないでしょうか。

しかし、実は「誠意」という言葉を安易に使うことは好ましくないのです。

この言葉の危険なところは、**お客さまに「誠意=特別対応」と捉えられてしまうこと。**

「今、誠意を持って対応すると言いましたね」「あなたの会社の誠意を見せてもらいましょう」と、「誠意」という言葉に敏感に反応し、最終的には金銭の要求にまで話が及ぶことがあります。そうなると、お客さまの興奮をしずめることはとても難しくなります。

わずかな言い換えでお客さまの感じ方を大きく変える

それでは、「誠意」という言葉の代わりに、どんな言葉を使えば良いかというと、「誠心誠意」や「誠実」です。

「誠意を持って対応いたします」と言いたいときには、「誠心誠意対応いたします」「誠実に対応いたします」と言い換えましょう。

こんなわずかな表現の違いでも、お客さまの解釈は大きく変わります。「誠意」なら「特別な対応をしてくれるんだな」と感じるお客さまも、**「誠心誠意」や「誠実」なら「一生懸命に対応してくれるんだな」と受け取ります。**

解釈のズレを招く言葉、「誠意」を封印しましょう。

誤解のないように「誠意」を言い換える

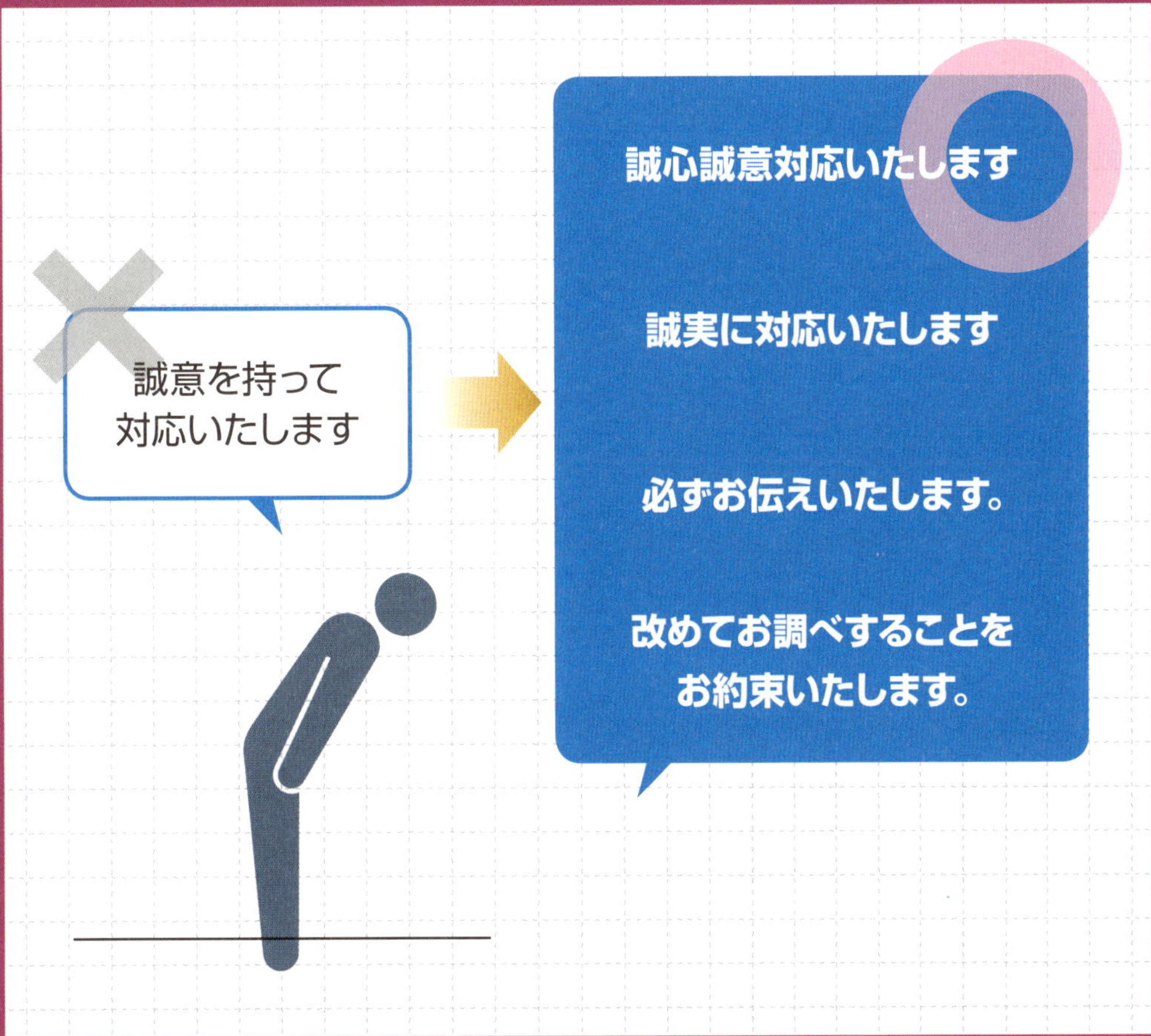
誠意を持って
対応いたします
誠心誠意対応いたします
誠実に対応いたします
必ずお伝えいたします。
改めてお調べすることを
お約束いたします。

POINT
「誠意」は「特別な対応」と受け取られる。
「誠心誠意」や「誠実」に言い換える。

正確な対応をするためには相応の手順と時間が必要

どんどん複雑になっていく現代のクレーム。正確な対応のためには、原因の究明、再発の防止、補償の決定など、様々な過程を経る必要があります。

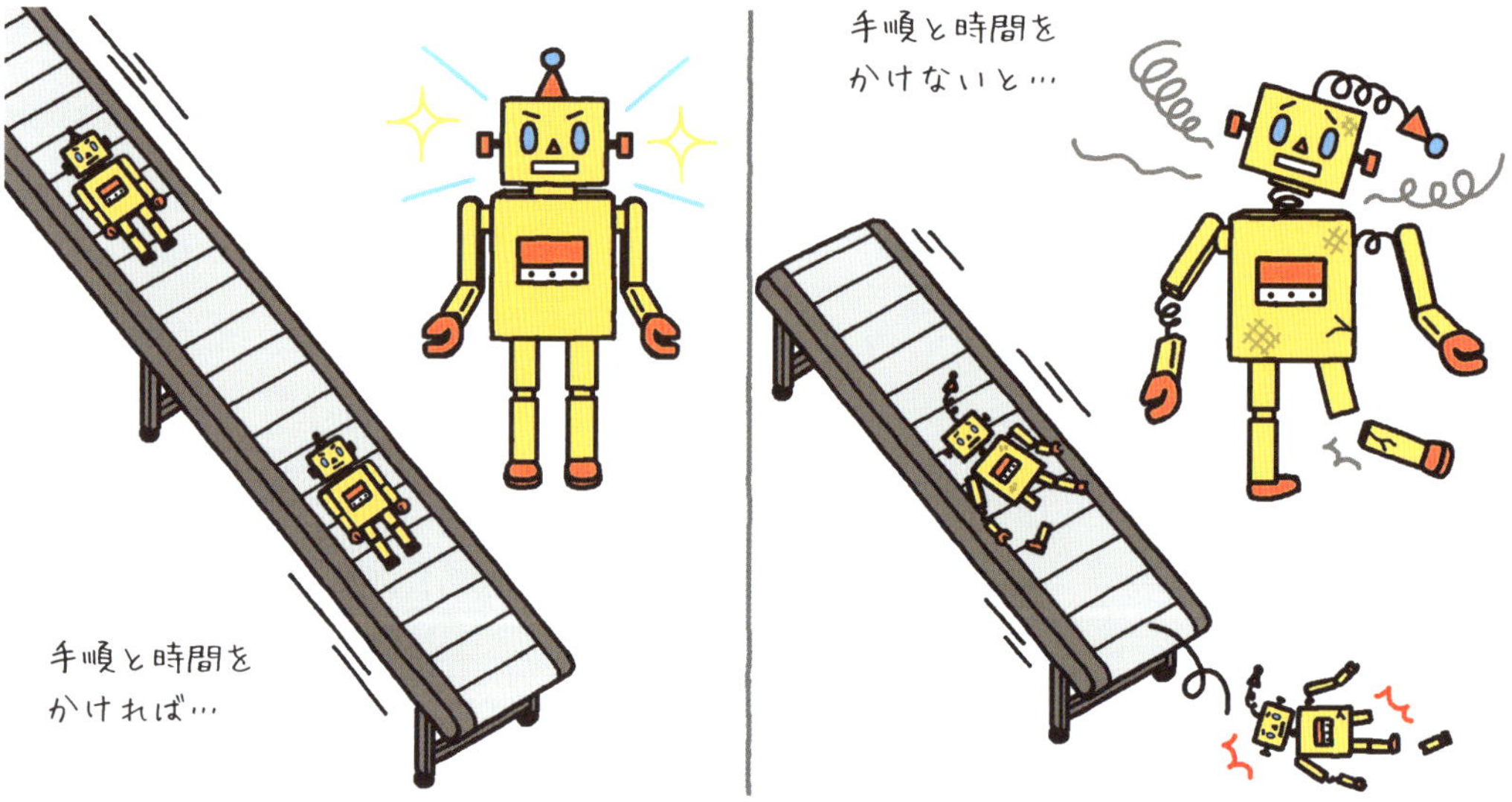
手順と時間をかければ…
手順と時間をかけないと…

お客さまの話を鵜呑《うの》みにせず事実関係を把握して対応する

お客さまがクレームを訴えてきたら、その話をよく聞き、事実関係を把握しなければなりません。その上で、原因を究明し、結果、自社に問題があるのであれば「補償」や「損害賠償」を提案し、同時に「再発防止策」にも取り組みます。そうした手順を踏まなければ、正しいクレーム対応にはなりません。

そんな中で、**最も陥りやすい失敗がお客さまの話を鵜呑みにすること。**お客さまはたくさんのことを話しますが、必ずしもそれが事実だとは限りません。なぜなら、お客さまも焦っていて、興奮しているからです。

複雑なクレーム事例への対応の手順

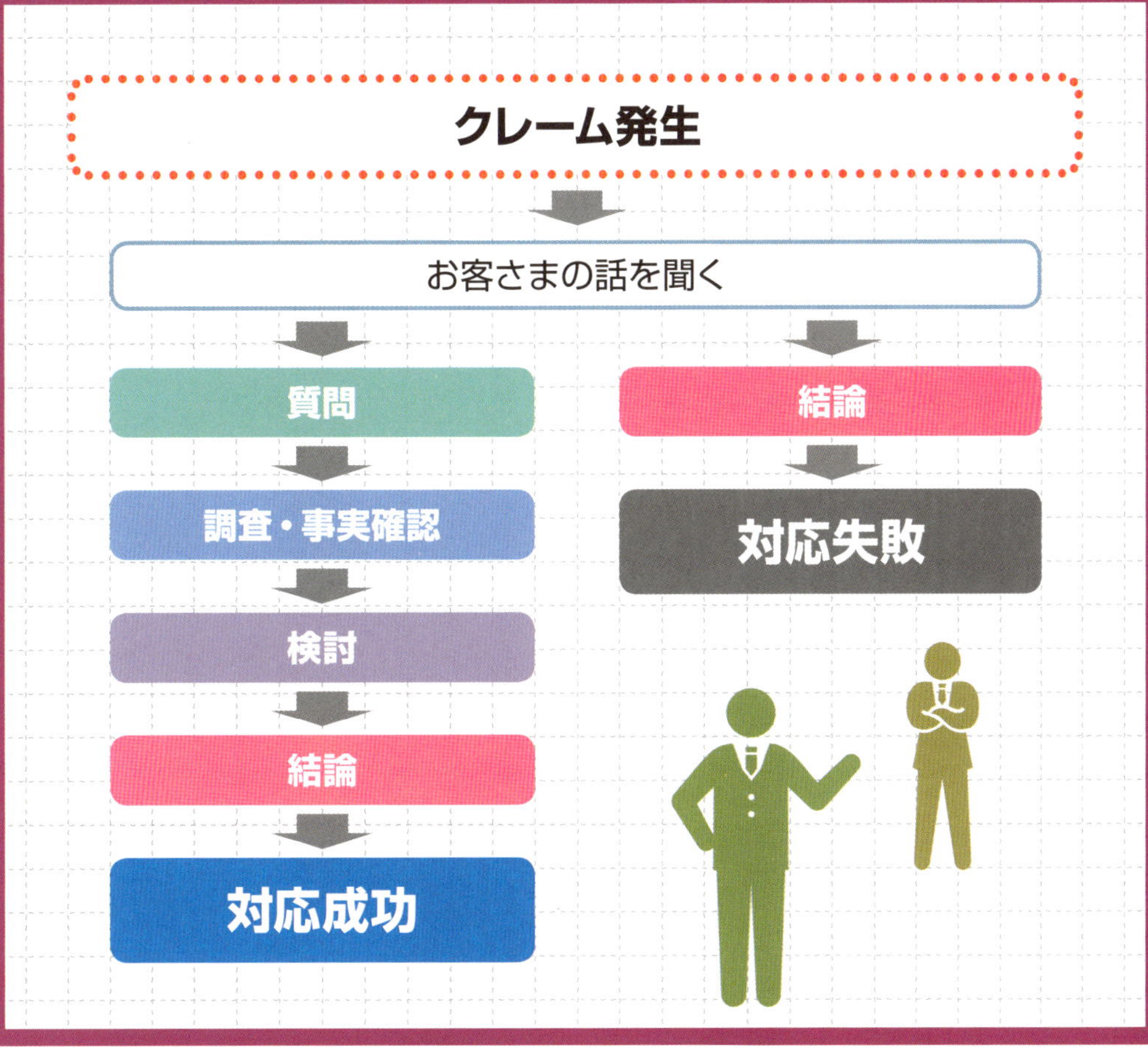

誠実に対応したいからこそ焦らずに時間を確保する

お客さまは苛立ち、厳しい言葉で対応や結論を急がせます。

しかし、例えばそのクレーム内容が、自分の会社で作っていない製品や、企画したのではないサービスの不具合に関するものだった場合、原因調査にはそれなりの時間がかかります。

そんな場合には、**お客さまの苛立ちや厳しい言葉に誘導されることなく、正しい手順とそのために必要な時間をいただかなければなりません。**

「誠心誠意対応したいと思っていますので、少しお時間をください。きちんと調べます」と言うと良いでしょう。

POINT

複雑なクレーム事例への対応には
それなりの手順が必要。焦らずに対処する。

理不尽な要求には根気で対応して、あきらめてもらう

お客さまが受け入れてくれない結論を示すときには、根気良く丁寧に説明するのと同時に、最終的には「平等」を切り札にお別れせざるを得ないこともあります。

根気良く丁寧に説明をしても受け入れてもらえないならあきらめてもらうのがゴール

正しい手順を踏んで原因究明を行った結果、企業側に原因の所在が特定されなかった場合には、原状復帰以上の対応をする必要はありません。しかし、その対応に納得せず、むしろ理不尽な要求をしてくるお客さまもいます。

そんなときには、**相手を恐れて特別な対応をするようなことがあってはいけません。**資料を見てもらったり、こちらの考え方を丁寧に説明するなどして、根気良くお客さまの理解を得る努力を続けることが大切です。

あえて時間をかけて対応することによって、お客さまがあきらめるのを待ちましょう。

引き下がらないお客さまとは金輪際《こんりんざい》お別れすることもあり得ることです

根気良く話して、引き下がってもらおうとしても、特別な対応を要求してくるお客さまもいます。

そんなときには**最終的に、「わかっていただかなくてもかまわない」という考えを持って、お客さまとお別れすることもあり得ます。**無理に理解や納得をさせようと特別な対応をすることがないようにしましょう。根気良く対応し、「どのお客さまにも平等な対応」というトークを使ってあきらめてもらいます。

ただし、「面倒なお客さまだから早く対応を終わらせたい」と思って、無理に結論を急ぐようなこともしてはいけません。

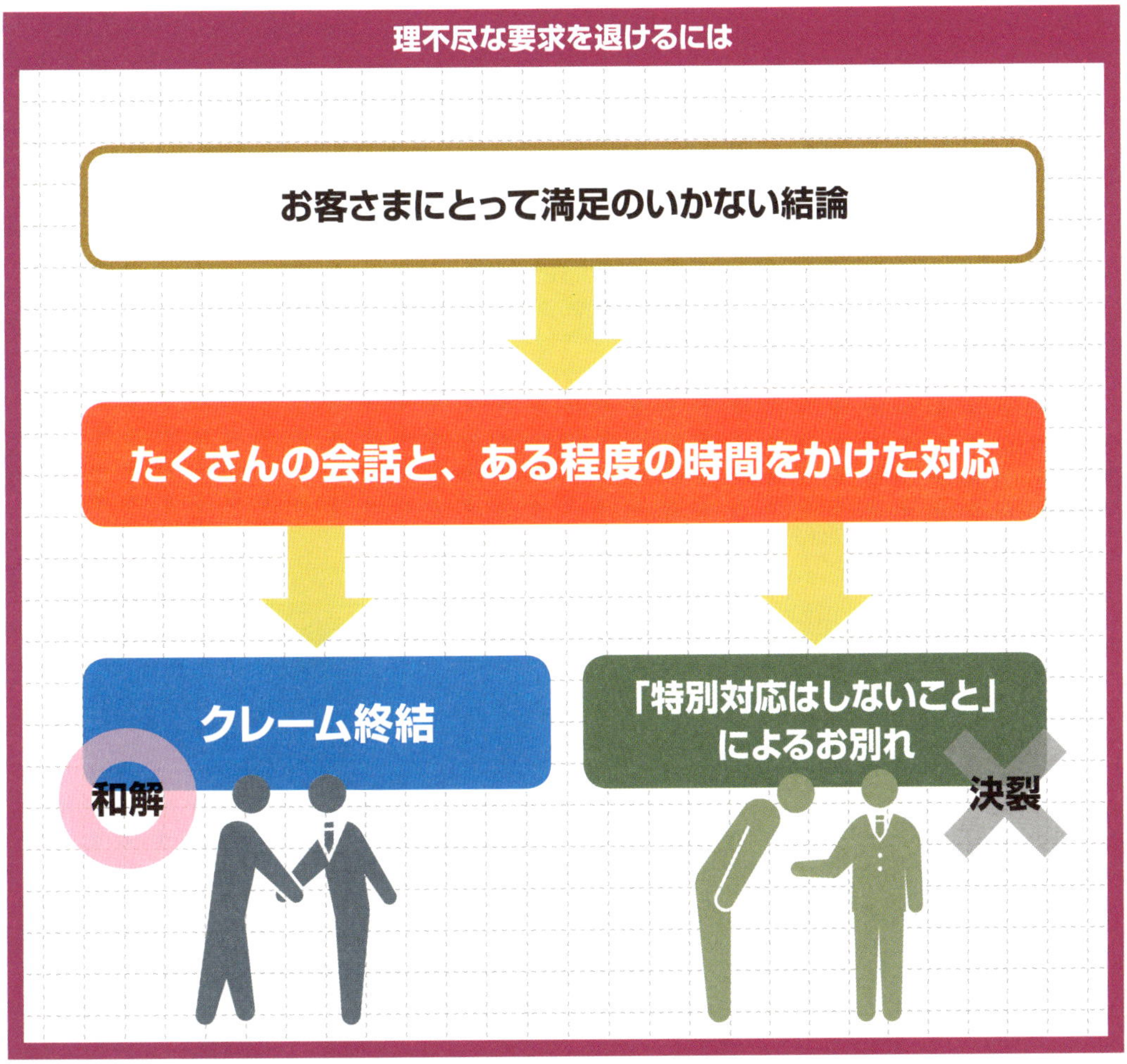
理不尽な要求を退けるには
お客さまにとって満足のいかない結論
たくさんの会話と、ある程度の時間をかけた対応
クレーム終結
和解
「特別対応はしないこと」によるお別れ
決裂

POINT 結論に満足しないお客さまを根気良く説得。どうしてもダメなら「平等」でお別れする。

「上司に代われ」はあなたの誠実さとスキルを試している

お客さまとのやり取りの中で、「上司に代われ！」と言われてしまうことがあります。しかし、お客さまは「本当に上司に代わってほしい」とは思っていないのです。

「上司に代われ！」は上司への期待ではなく「あなたに期待が持てない」の意味

「もういいから、上司に代われ！」。クレーム対応の現場で、よく聞かれる言葉です。

しかし、お客さまは本当に上司に代わってほしいとは思っていません。不満だらけの対応をする担当者の上司なら、どうせ期待できないとも想像できています。

それでも**「上司に代われ！」と言うのは、担当者に落胆しているというメッセージ**。

「誰が対応しても変わらないと思うので、今からでも良いからしっかり対応してください」という期待を込めて、担当者の誠実さとスキルのレベルを探っているのです。

すぐに代わらずにチャンスを生かして仕切り直しを

上図のOK担当者のように期待に応える返事をしましょう。**「改めてしっかり対応します。もう一度お話し合いをさせてください」と伝えるのが正解**です。

すぐに、「わかりました。それでは上司に代わります」と代わってしまうのは好ましくありません。お客さまは内心「せっかくチャンスをあげたのに」と、さらに担当者に落胆します。

また、意気込みすぎて「私が企業の代表としてお客さまに対応していますので」と安易に言うこともいけません。一担当者は「企業の代表」ではないので、相手を余計に苛立たせてしまいます。

POINT

「上司に代われ！」は期待回復のチャンス。仕切り直しをして寄り添う態度で対応しましょう。

CHAPTER 4

LESSON 31

「訴える」「書き込む」を恐れずに受け止める方法

「訴える！」や「書き込む！」と感情的に言うお客さまに対して、慌てる必要はありません。まずはお客さまの想定を裏切らない返事をすることが大切です。

本心は訴えたいと思っていない。「止めるだろう」と想定して発言している

対応に満足せず、「訴える！」や「ネットに書き込む！」と感情的に言うお客さまがいます。そうしたお客さまは、**「そう言えば、企業はきっと止めるだろう。そして弱気になるだろう」**という無意識の気持ちが働いて、そう言っていることが多いのです。

もし本当にお客さまに訴えられたとしても、きちんとした企業運営やお客さま対応をしていれば、何も恐れることはありません。むしろ訴えられることで、発生した事例に対して、どちらの態度が正しいか第三者に判断してもらうことは、企業にとって意味のあることなのです。

お客さまの感情を受け止め もう一度 しっかりと対応する

ここまで一生懸命対応してきたのに「訴える！」「書き込む！」と言われたら、「精一杯対応してきたのだから、訴えられてもかまわない」という気持ちを持つことも一つの考え方です。しかし、その前に「訴えることを企業は止めるだろう」というお客さまの想定を裏切らないことが大切です。

「もう一度しっかりと対応させてください」と、気持ちを入れ替えて対応する熱意を伝えることが、お客さまの想定を裏切らない対応です。

辛辣《しんらつ》な言葉は、担当者の意気込みを試す言葉だということをここで知っておいてください。

「訴える」「書き込む」と言われたら…

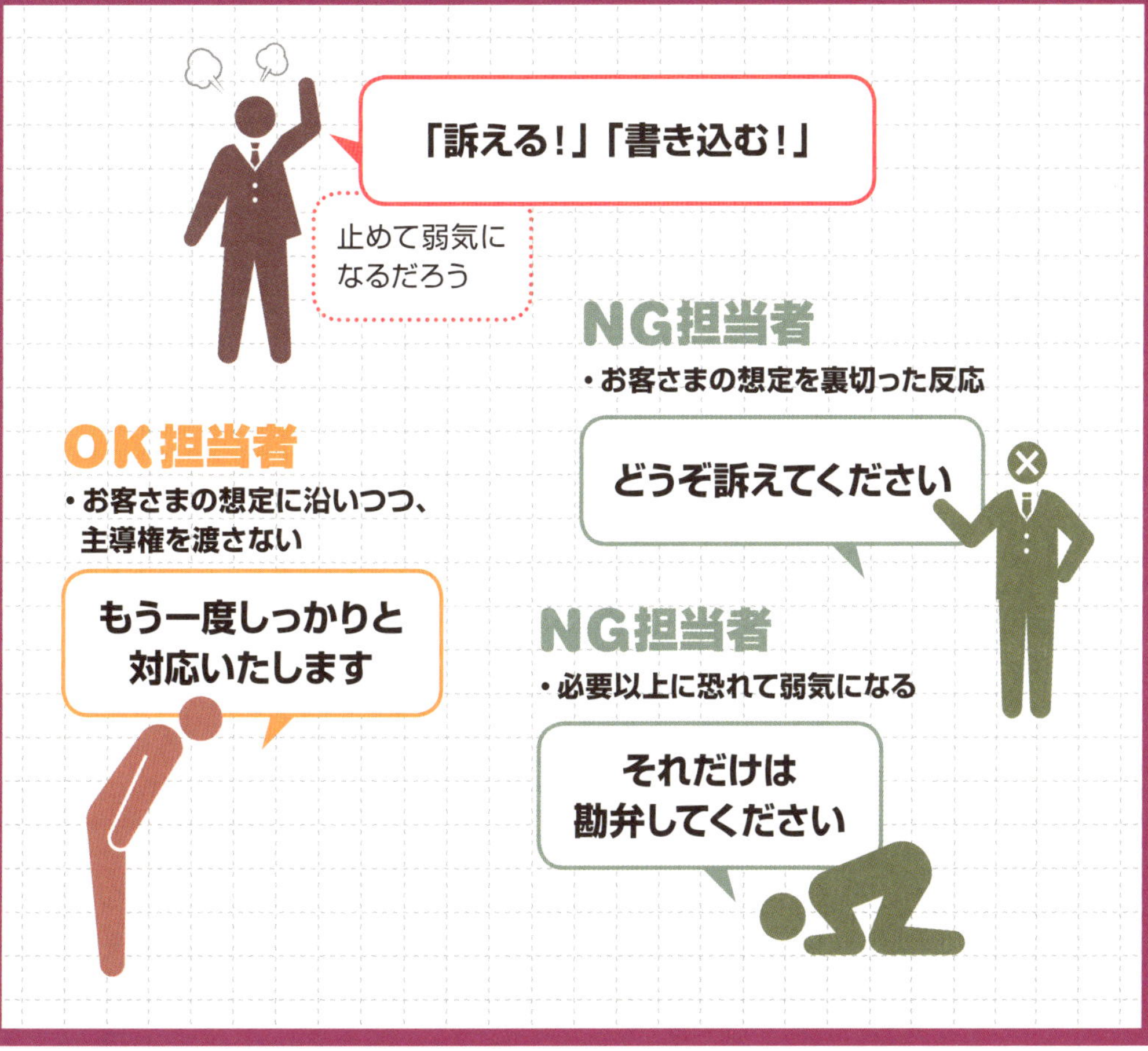
「訴える！」「書き込む！」
止めて弱気になるだろう
NG担当者
・お客さまの想定を裏切った反応
どうぞ訴えてください
OK担当者
・お客さまの想定に沿いつつ、主導権を渡さない
もう一度しっかりと対応いたします
NG担当者
・必要以上に恐れて弱気になる
それだけは勘弁してください

POINT 「訴える！」は「止めるだろう」と試されている。
お客さまの想定を裏切らない言葉を返しましょう。

クレーム対応担当者の必須スキルは質問力と検索力

クレームに関する様々なものが多様化しています。そんな現代のクレーム事情の中、現場の担当者に求められる能力も変化しています。

クレームの多様化に対応するには商品知識や説明力よりももっと必要なスキルがある

これまで、多くのクレームは対応担当者の豊富な「商品知識」を活かして、お客さまに「説明」することで解決されていました。それはクレーム内容や商品内容が現代に比べてシンプルな時代だったからです。

専門力のある人のリタイアにより**現代のクレーム対応の現場には、商品知識や説明力に長けた人は多くはいなくなりました。**

一方で、お客さまにとって必要な情報はインターネットで詳しく豊富に手に入れられる時代です。だから、担当者に細かな商品知識が備わっているかどうかは重要ではなくなってきたのです。

複雑化するクレーム対応に必要な力と不要な力

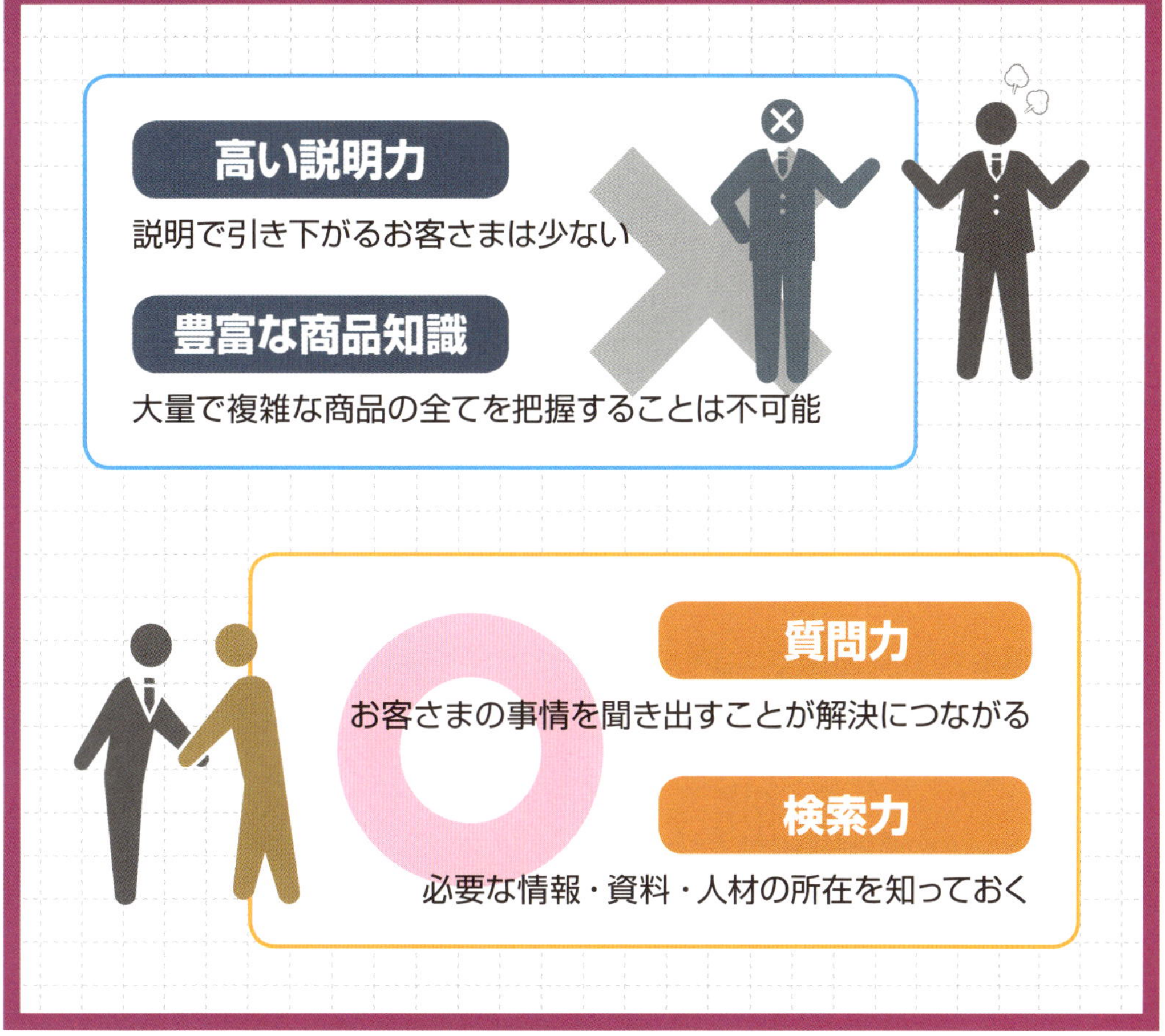

高い説明力
説明で引き下がるお客さまは少ない
豊富な商品知識
大量で複雑な商品の全てを把握することは不可能
質問力
お客さまの事情を聞き出すことが解決につながる
検索力
必要な情報・資料・人材の所在を知っておく

事情を聞き出す質問力と解決のための情報を手に入れる検索力が、今求められるスキル

高度で専門的な商品知識や高い説明力を持つことに期待するのが難しい時代ですが、それを補《ほ》塡《てん》してくれるスキルが、質問力と検索力です。

質問力は、お客さまの事情や製品の状態を聞き出すこと。検索力とは、このクレーム事例の解決に必要な情報は誰に聞いたら知っているのか、どこに書いてあるのかを知っている力を持つことです。

検索力を高めるためには、普段から社内のコミュニケーションや社外とのネットワークを使って情報を収集しておくことが必要です。いざというときの助けとなってくれるでしょう。

POINT
高い説明力や商品知識を持つことは難しい。
質問力と検索力で現代のクレームに対応する。

メールで飛び込んできた クレームにも電話で対応を

お客さまの気持ちが見えづらいメールでのクレーム対応。返事もメールでと考えてしまいがちですが、相手の事情・心情を理解するのにふさわしい方法ではありません。

メールの内容は正確とは限らない 心情も理解しにくい

ITの普及とともに、メールでクレームを訴えるお客さまが増えています。そうしたお客さまに対して、「メールでのお申し出だから、メールで返信するのが礼儀だ」と考えてはいませんか？

メールに記載された内容は、必ずしも正確とは限りません。中にはメールの匿名性を利用し、本当はクレーム事例が発生していないのに、わざとクレームを投げかけて、反応を楽しむ人もいます。

また、メールのやりとりだけでは、お客さまの本当の事情や心情は理解しにくいもの。**解決に必要な情報はメールだけでは得にくい**のです。

正しい対応のために必ず電話で話をして状況や心情を理解する

メールで飛び込んできたクレームに対しても、必ず一度は電話で詳しい話を聞くようにしましょう。そうやって、**詳しい商品の状況やお客さまの心情を理解することが、好ましい結果につながります。**お客さまからのメールに「メールで返事をください」と書いてあっても、必ずしもそのとおりにする必要はありません。

　クレーム対応で大切なのは、正確な事実をつかみ、間違いのない結論を出すこと。そのために詳しい話を聞くことが不可欠です。

　もしも相手が電話を拒否するようなら、クレーム自体を疑わざるを得ないといえるでしょう。

メールの文面だけで判断すると失敗する理由

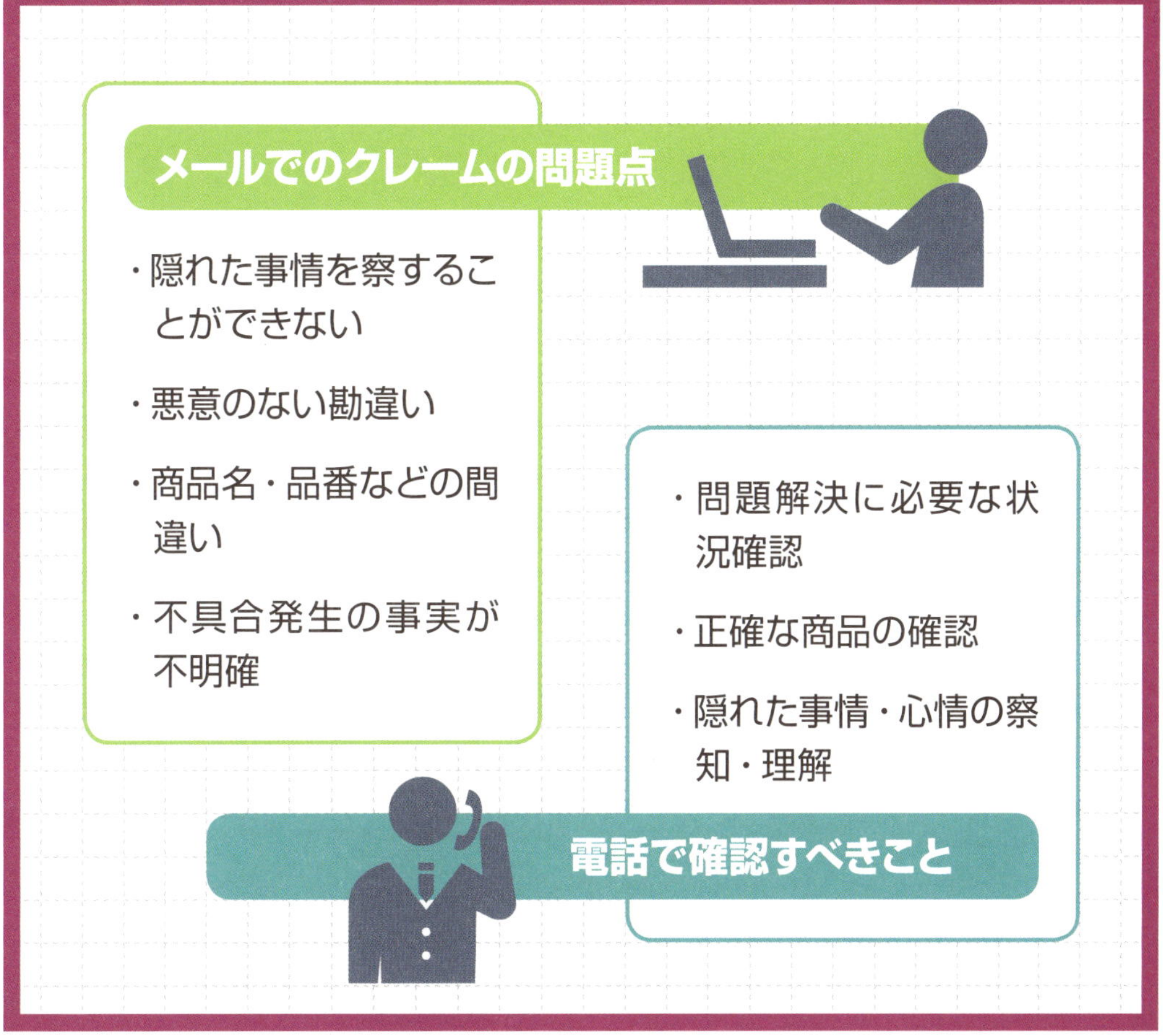
メールでのクレームの問題点
・隠れた事情を察することができない
・悪意のない勘違い
・商品名・品番などの間違い
・不具合発生の事実が不明確
・問題解決に必要な状況確認
・正確な商品の確認
・隠れた事情・心情の察知・理解
電話で確認すべきこと

POINT

メールでのクレームにメールで返信しない。

電話で話を聞いて、間違いのない結論を出す。

CHAPTER 4

進化するクレームに対処する **クレーム対応の最新ルール**

Points for Complaints

1 過剰サービスや時間外対応、現場判断などのコンプライアンス違反に気をつける。

2 調査や検討は迅速に、結論は急がず正確に。

3 毅然とした態度とは、冷たい態度のことではない。

4 「責任」という言葉を安易に使わない。

5 「誠意」は「誠心誠意」「誠実」に言い換える。

6 「上司に代われ」と言われたら、もう一度熱意を見せて対応策を探る。

7 質問力と検索力が現代のクレーム解決に必要な力。

CHAPTER 5

難しい相手には
こう切り返す

理不尽クレーマーに
対処するテクニック

無理な要求を
企業や店につきつける理不尽クレーマー。
効果的な対応を知らないと、対処することは困難です。
なぜ理不尽クレーマーになるのかというその心情と
対応方法をケース別に解説します。

理不尽クレーマーへの対応では決裂を恐れないことが大切

無理難題を言ってきたり、長時間の対応を強いるクレーマー。理不尽な要求に応えることとお客さまの満足を目指すこととは別の話だという考え方を持ちましょう。

お客さまのタイプをじっくり判断した上で丁寧な言葉で決裂を

理不尽クレーマーに対する基本的な考え方は、「あきらめて別れてもらう」こと。

つまり、お客さまと決裂することも一つのゴールとして持っておくことです。

①製品の問題とは別の目的がある
②自分の一方的な思い込みや理屈で企業に譲歩を求めようとする
③企業に無理な対応を押しつける

しばらく話を聞いて、こういったお客さまであると確信できた場合には、**和解を目指すことをあきらめ、上手に決裂しましょう。**

ただし、決裂の決断を急ぎすぎないことと、丁寧な言葉づかいは守らなければなりません。

理不尽クレーマーに あきらめてもらうための 対応のコツとは？

上手に決裂するにはどんな対応が正解なのでしょうか。

お客さまによって詳細なテクニックは変わりますが、基本的な対応としては、**「どんなに抗議をしても自分の欲求が満たされることはない」ことに気づいてもらうことが最適な対応といえます。**

気をつけなければいけないことは、理不尽クレーマーの本当の欲求は表向きの要求とは別にあるということです。やさしい言葉を求めるケース、自己顕示欲《じこけんじよく》を満たす対応を求めるケースなど、知らないうちに隠れた欲求を満たす対応をしていた場合、常習化や長期化を招くこともあります。

理不尽クレーマーの代表的なケースと要求

● 常識的な補償以上の要求をする

「商品の不具合によって仕事に穴を空けたので補償してほしい」

● 無理難題を提示してくる

「流通した全商品を私の目の前で検証してください」

● 現品や現場の確認に協力してもらえない

「物もレシートもとっくに捨ててしまって手元にない」

POINT 本当の相手の要求を見極めて、無理な要求なら「あきらめて別れてもらう」ための対応を。

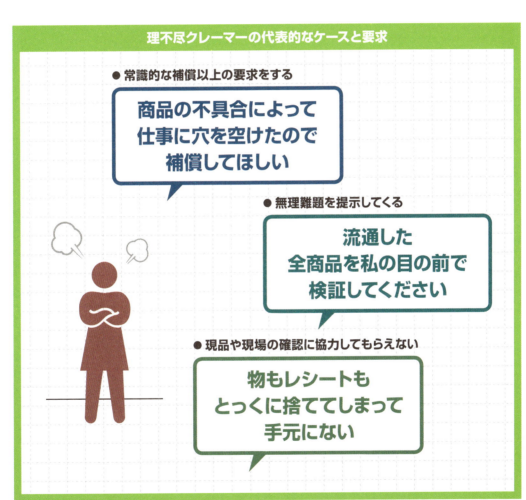

やさしい言葉を楽しむ「さびしがりクレーマー」

現代社会では、誰ともなじめないさびしさを企業の担当者に埋めてもらいたくて、やさしい対応を楽しむクレーマーが増えています。

心地良い担当者の言葉を求めてクレームがあるふりをする

とりとめのない話を延々と続けたり、聞いても聞いても何に怒っているのかわからないクレームを何度も申し立ててくる。そんなお客さまは「さびしがりクレーマー」の可能性があります。

さびしがりクレーマーは、**孤独で誰ともなじめない心のさびしさを、企業の担当者に埋めてもらいたくて連絡してきます。**

企業に具体的に何かしてほしいのではなく、担当者の「ありがとうございます」「申し訳ございません」といった気づかいのある言葉に心地良さを感じ、その心地良さを求めて、わざわざクレームを言ってくるのです。

さびしがりクレーマーの特徴と対応例

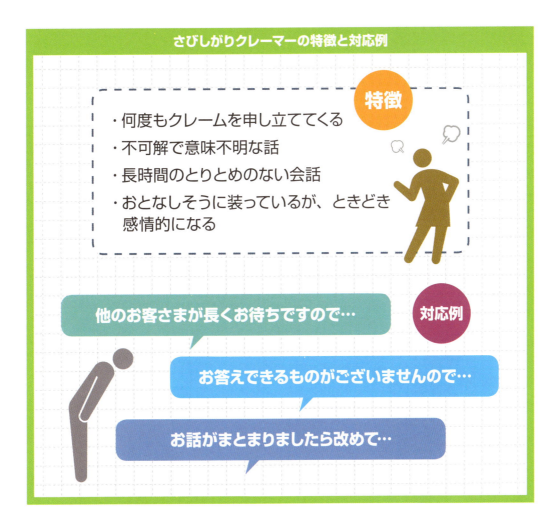

特徴

- 何度もクレームを申し立ててくる
- 不可解で意味不明な話
- 長時間のとりとめのない会話
- おとなしそうに装っているが、ときどき感情的になる

対応例

やさしさを見せず これ以上応じられないことを 事務的に伝える

相手がさびしがりクレーマーだと認識できたら同情は禁物です。**やさしい言葉をかけたり、迎合するような態度はやめて、事務的な話し方に徹するのが対応のコツ。**お客さまが期待する対応には応じられないことを、クールに伝えるのです。

相手はやさしさや気づかいを求めてくるのですから、期待したやさしさや気づかいのない担当者には、それ以上つきまとわなくなるはずです。

お客さまにあきらめてもらうときは、やんわりとした拒否ワード（P42）を使うことを忘れないようにしましょう。

POINT

さびしがりクレーマーに同情するのは禁物。

事務的な態度で対応する。

理屈を並べたてる知的な「揚げ足クレーマー」

冷静な態度で独創的な理屈を並べたり、論理的に揚げ足を取ってくるお客さまは、企業に自分の頭脳レベルを認めさせたがっているのかもしれません。

独創的な理屈を並べて揚げ足を取り征服感を楽しむ

一般の消費者があまりこだわらない事例を執拗《しつよう》に突き詰めて、独創的な理屈を長時間にわたって並べてくるお客さま。さらに担当者の回答に対しいちいち揚げ足を取って、新たな疑問を提示してきます。いかにも頭が良さそうで冷静な態度ですが、最終的に過大な要求をしてくることに。

こうした「揚げ足クレーマー」は、**企業に自分の知的レベルを認めさせたがったり、自分の過大な要求に対して、企業が思いどおりに動く征服感**を楽しんでいます。揚げ足クレーマーは、特に有名企業に無理な回答を求めることが多いようです。

何の説明もせず 約束もせず 理屈も言わない

揚げ足クレーマーに対応するときは、まずは頭の良さをひけらかそうとする相手につき合います。その後は、ダメな担当者のふりをして、**「わからないです」「お恥ずかしいことで」「ちょっとそれは」などと、のらりくらりと相手の言うことをかわします。**

つまり、何の説明もせず、約束もせず、理屈も言わないことで、揚げ足を取られないようにします。もちろん過大な要求も、やんわりと拒否します。

「よくご存じで」「むしろ学ばせていただいています」といった相手の自尊心をくすぐる言葉を、しばしば言うのも大切です。

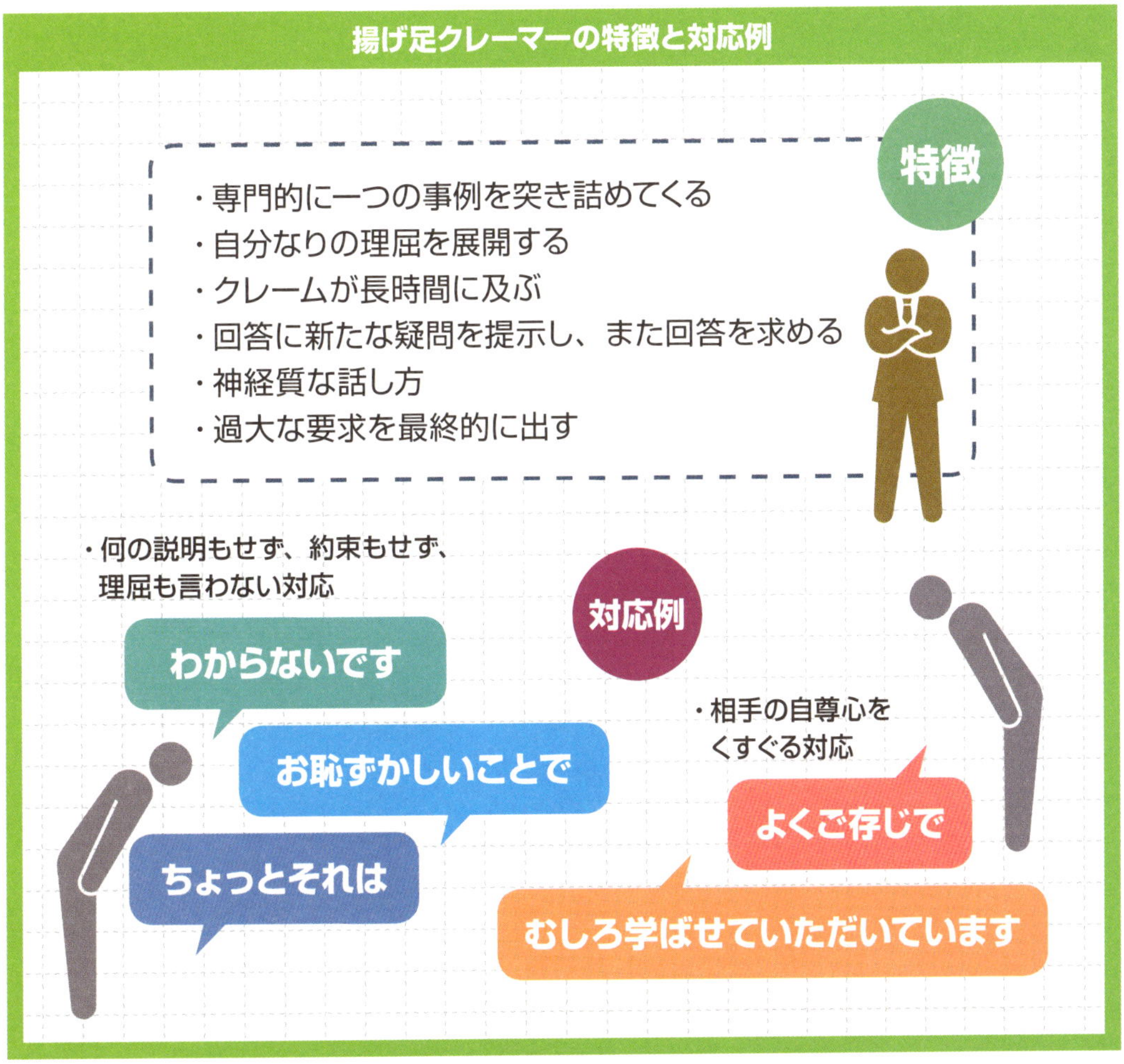
揚げ足クレーマーの特徴と対応例
特徴
・専門的に一つの事例を突き詰めてくる
・自分なりの理屈を展開する
・クレームが長時間に及ぶ
・回答に新たな疑問を提示し、また回答を求める
・神経質な話し方
・過大な要求を最終的に出す
対応例
・何の説明もせず、約束もせず、理屈も言わない対応
わからないです
お恥ずかしいことで
ちょっとそれは
・相手の自尊心をくすぐる対応
よくご存じで
むしろ学ばせていただいています

POINT 「揚げ足クレーマー」には、やんわりとした拒否トークを使って、のらりくらりとかわす。

金品が目的の「恫《どう》喝《かつ》クレーマー」

担当者を恫喝して、現金を取ろうとするクレーマーがいます。言っていることは支離《しり》滅裂《めつれつ》ですが、用意周到に作戦を立てていることもあるので油断は禁物です。

粗暴な話し方で支離滅裂に話すが意外に用意周到

粗暴な話し方をして、事例を支離滅裂に切れ切れに話すお客さまがいたら、「恫喝クレーマー」の可能性があります。このタイプのクレーマーは、**企業に対してウソの事例で脅かして、金品を手に入れようとします。**

こうしたクレーマーは、一見感情的に動いているようですが、実際は用意周到に作戦を練っていたりします。わざと支離滅裂に話し、担当者に話を理解されるのを防ごうとします。

分が悪いと大声でわめいて脅迫めいた態度を取るのも、ウソがばれないように、担当者を混乱させるための作戦です。

恫喝クレーマーの特徴と対応例

特徴

・粗暴な話し方
・比較的低価格な商品の不具合を申し立て、少額の弁済を求める
・商品状況や不具合事情にウソが混じっているので、事例に違和感がある
・分が悪くなると大声で汚い言葉づかいになる

対応例

拝見して問題の現象を確認させてください

現品を私どもにいただけるようなら、改めてご連絡をお待ちしています

全ての対応は三現主義からはじまることをしっかり伝える

クレーム対応の基本は、現品を見る、現象を確認する、現実的に違和感がないという、「三現主義」を行うことです。

したがって、恫喝クレーマーに対しても、**「現品を拝見して問題の現象を確認したい」ことを伝えます**。それに対して「現品は手元にない」「現品は渡せない」というような反応なら、それでは対応がはじまらないことを伝えます。「現品を私どもにいただけるようなら、改めてご連絡をお待ちしています」と告げるのです。

それに対して、さらに恫喝してくるかもしれませんが、担当者は同じ言葉を繰り返すだけです。

POINT

「恫喝クレーマー」は金品を手にすることが目的。

「三現主義」の徹底で脅しには屈しない。

自己顕示欲を満たしたい「説教クレーマー」

現役を退いた世代に多いのが「説教クレーマー」。相手の心理的な要求に応えてしまうと常習化するので、避ける方法を知りましょう。

「説教クレーマー」の目的は自分の意見を尊重させること

「この商品は売れていないようだから、別の商品に入れ替えた方が良いよ」

「従業員が足りなそうだから、すぐに入れるべきではないか」

最近多くなっているのが、「説教クレーマー」や「世直しクレーマー」と呼ばれるタイプです。

商品やサービスに対する補償や改善が目的ではなく、担当者や企業へ意見をすること自体を目的としています。自分がクレーマーであるという自覚や悪気《わるぎ》がなく、純粋に企業や店のためを思って意見を述べていると思い込んでいるため、対応が難しいクレーマータイプです。

「すごいですね」は相手の自己顕示欲を満たすので言ってはダメ

このタイプのクレーマーは、自分が現役で働いていた頃の理屈、論理を振りかざすことで、**「すごいですね」や「さすがですね」という反応を期待しています。**自己顕示欲が満たされる快感から常習化しやすく、また対応が長期化しがちなことも特徴です。

対策はシンプルで、相手のほしがっている言葉を言わないこと。CHAPTER3で解説した「やんわり拒否ワード」を駆使するのも良いでしょう。

ターゲットにされてしまわないように、相手の自己顕示欲を満たすことなく、話し疲れてもらうことが効果的な対応です。

説教クレーマーへのNG対応・OK対応

私の言うとおりに改善しなさい
NG
よくご存じですね
勉強になります
助かります
OK
はぁ…
難しいお話で…
私の一存では…

POINT
「やんわり拒否ワード」を使ってしばらくつき合う。
話し疲れ、あきらめてもらうのが効果的な対応。

CHAPTER 5

難しい相手にはこう切り返す **理不尽クレーマーに対処するテクニック**

Points for Complaints

1 理不尽クレーマーへの対応は、上手な決裂を目指す。

2 理不尽クレーマーの本当の欲求を見抜いてあきらめてもらう対応を。

3 常習化や長期化する理不尽クレーマーに注意。

4 さびしがりクレーマーには事務的で機械的な対応を。

5 揚げ足クレーマーにはやんわり拒否でのらりくらりとかわす対応を。

6 恫喝クレーマーの脅しには屈せず、三現主義を徹底する。

7 説教クレーマーには自己顕示欲を満たすことを言わない。

ありがとう!
また何か
ございましたら

監修者紹介：中村友妃子（なかむら ゆきこ）

有限会社カスタマーケアプラン代表取締役。和洋菓子製造販売企業に在職中、商品企画、販促企画、広報宣伝、新業態開発、店舗開発、店長、人材教育、接客教育、お客様相談室などのあらゆる業務を担当した後、2000年に独立し㈲カスタマーケアプランを設立。現在は、現場に精通した苦情対応研修に取り組み、各企業での講演、ロールプレイング研修や、電話応対診断、接客応対診断、年間200本以上のクレーム対応成功の法則に関する講演、企業のお客様対応担当者スキル指導を行っている。

著書に『あなたが担当でよかった！』（青春出版社）『ポケット図解 クレーム対応のポイントが分かる本』（秀和システム）など。

有限会社カスタマーケアプラン http://www.c-c-p.jp/

日本消費者協会認定　消費生活コンサルタント
神戸市　消費生活マスター
日本電信電話ユーザ協会認定　電話応対技能検定　指導者級
米国NLP™協会認定　NLP™マスタープラクティショナー
日本消費者協会　コンシューマー・オフィサー講師
日本電信電話ユーザ協会　契約講師

スタッフ

編集：浜田一平（ZIN graphics）
編集協力：田中宏明
校正：有限会社玄冬書林
イラスト：西脇けい子
デザイン：田中康博（ZIN graphics）

図解《ずかい》 クレーム対応術《たいおうじゅつ》

2015年1月10日　第1刷発行

監修者　中村友妃子
発行者　中村　誠
印刷所　図書印刷株式会社
製本所　図書印刷株式会社
発行所　株式会社日本文芸社
〒101-8407　東京都千代田区神田神保町1-7
（営業）03-3294-8931　（編集）03-3294-8920
URL　http://www.nihonbungeisha.co.jp

Printed in Japan　112141218-112141218Ⓝ01
ISBN978-4-537-26105-9
編集担当：菊原